感谢浙江大学"文科专项"和"亚洲文明学
对本研究及成果出版的支持!

明山公案

陈 辉 著

浙江古籍出版社

图书在版编目(CIP)数据

东明山公案 / 陈辉著 . -- 杭州 : 浙江古籍出版社，
2021.7

ISBN 978-7-5540-1941-2

Ⅰ.①东… Ⅱ.①陈… Ⅲ.①佛教史—杭州
Ⅳ.① B949.2

中国版本图书馆 CIP 数据核字（2021）第 026868 号

东明山公案

陈 辉 著

出版发行	浙江古籍出版社	
	（杭州市体育场路 347 号）	
网　　址	https://zjgj.zjcbcm.com	
责任编辑	沈宗宇	
文字编辑	徐　立	
责任校对	张顺洁	
封面设计	吴思璐	
责任印务	楼浩凯	
照　　排	杭州时代出版服务有限公司	
印　　刷	浙江海虹彩色印务有限公司	
开　　本	787mm×1092mm　1/32	
印　　张	8.375　彩　插　4	
字　　数	150 千字	
版　　次	2021 年 7 月第 1 版	
印　　次	2021 年 7 月第 1 次印刷	
书　　号	978-7-5540-1941-2	
定　　价	50.00 元	

通往九度岭的古道

东明寺旧山门

初竣工的无尘殿

东明寺僧寮

回归塔院的祖师塔柱

修复后的祖师塔

东明寺左东明塔院祖塔图

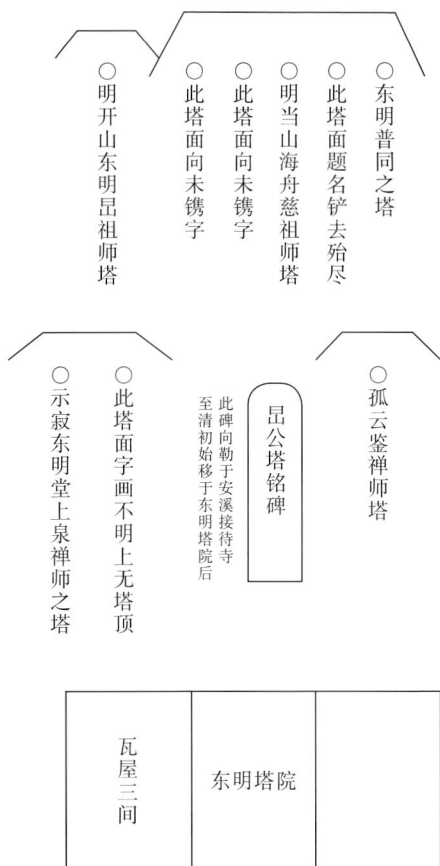

○ 东明普同之塔

○ 此塔面题名铲去殆尽

○ 明当山海舟慈祖师塔

○ 此塔面向未镌字

○ 此塔面向未镌字

○ 明开山东明昆祖师塔

○ 孤云鉴禅师塔

昆公塔铭碑

此碑向勒于安溪接待寺至清初始移于东明塔院后

○ 此塔面字画不明上无塔顶

○ 示寂东明堂上泉禅师之塔

| 瓦屋三间 | 东明塔院 | |

东明塔院图

（资料来源：《正名录》卷第十一《济宗世次备考之四》）

前言

佛家讲缘分，笔者并非佛教徒，也非佛学研究者，然阅世半百，甚觉机缘之奇妙。与杭州城北安溪之东明山结缘，纯属偶然中之偶然，但仔细想来，似觉多有前因，才有今日伏案书写东明山公案之后果。

笔者供职于大学。大学教师实是职业读书人，求学问道，又为后学传道解惑。作为书斋、教室与食堂三点一线式生活的调剂，笔者从年轻时开始便慢慢养成了周末必至西湖周边或杭州郊外群山山行的习惯，以实践先贤之"读万卷书，行万里路，胸中脱去尘浊"之教诲。俗曰："天下名山僧占多。"杭州又有东南佛国之称，杭州城内外的山不是轻烟缭绕、禅音悠扬，就是烟雨中的断垣残瓦。早闻安溪桥北有座东明山，曾是明朝建文帝逊国后遁隐之地，清人陆次云《湖壖杂记》云："其至此地时，旭日始旦，故于寺额题曰'东明'。"山中寺院因其得名，山也因之而名。不过，此则传说本身就蕴含了一个悖论：一方面说是"遁隐"，即不为他人所知，不露任何蛛丝马迹；而另一方面人们又似乎很清晰地知晓这位落难皇帝行走避难的路线，以及他在东明山的时日与举动。所以，笔者以为传说终归只是传说，不可信以为真，也就一直没有将东明山纳入周末山行的线路之中。直到2009年暑假，在网络上浏览杭州周边登山攻略，发现有人介绍说，从东明山西侧康门水库旁沿一野径可直抵东明寺内，进而可以畅游整个东明山森林公园。有此等好事，哪有不去实地探访一番之理？不曾想，此一去便一发不可收，一去再去。因为一块几乎被遗弃在东明寺残垣旁的塔铭石碑勾起了笔者的探索欲望，欲发挥一通历史语言学专业的考据专长，追溯一下东明山的历史。

这块石碑就是镌刻于清康熙十五年（1676）的《东明孤云禅师塔铭》碑。由于被久置野外，日晒雨淋，碑中文字已基本为青苔淤泥覆盖，不可辨认。初见此碑，只依稀识得内有句曰："东明禅寺系昆祖师鼎兴古刹，历经三百年。"笔者是十足的佛教门外汉，对临济宗第二十三世传人东明慧昆禅师（1372—1441），可谓一无所知，只好上网检索这位"昆祖师"的生平简历。其时，网络上关于慧昆禅师的文章也甚少，有限的一些东明寺介绍，还多将"慧昆"的"昆"字错写成了"昱"字，言"东明寺历史悠久，寺建于元末明初，由系昱祖师开山，迄今约600年"[①]。为辨明这位祖师的大名究竟是"昆"还是"昱"，笔者开始了整整一个星期的佛教文献稽考，并在第二个周末重访东明寺，仔细核对碑刻原文后写了一篇长逾万言的《东明寺公案》网络日志。缘分使然，

---

① 马时雍主编：《杭州的山续集》，杭州出版社，2003年，第2页。

这篇日志引起了东明寺僧人和东明山森林公园工作人员的极大关注，因为他们当时正沿着东明山乃建文帝遁隐地之旧说苦苦寻找着相关的文献资料，以备重新开发建设森林公园，笔者日志中的"东明山乃临济宗中兴祖庭说"为他们开启了全新的工作思路。当时受聘于森林公园的沈梅洁同道在不久后出版的《东明札记》中如此谬赞笔者说：

　　一位登山爱好者无意中有了一个发现，并随之开展了一系列查证，抽丝剥茧，慢慢为这个六百年难解之谜打开了新局面。他就是浙江大学韩国研究所的陈辉博士。陈老师从东明寺仅存的塔铭入手，推翻了"东明寺的命名为建文帝所赐"这一定论，即推翻了清人陆次云乃至《杭县志稿》所载的"旭日始旦，题曰东明"。这个发现，犹如一枚重磅炸弹，将几百年来一段人们深深相信的传说裂成了八万四千片。但是另一方面，也使我们开始以一种全新的姿态和眼光，重新审视东明山的历史沿革以及东明寺作为临济宗一大丛林在弘扬佛教这一本职方面的成就。这一记碎裂，撩拨开了几十年来笼罩着东明寺云遮雾罩的传说附会，巍巍八宝楼台破土而出，东明禅院作为浙西临济宗重镇的"自我意识"终于觉醒。①

　　其后，东明山森林公园有限公司董事长张炳林先生不仅

---

① 沈梅洁：《东明札记》，云南人民出版社，2010年，第129页。

力筹重金复建完成了东明寺的大雄宝殿（无尘殿）、僧寮（扪云楼）和上客堂（寅宾楼）等一期工程（2012年11月24日举行了落成典礼），请星云法师书写了“无尘殿”匾额，请南怀瑾先生为“无尘殿”撰写了门联（联曰：“在山泉水清，出山泉水清，即是如来大乘道；有所谓也错，无所谓也错，安心本分祖师禅”），请余杭区有关部门进行考古发掘，修缮了东明塔院，并将塔院申请成为了浙江省省级文物保护单位。而且，他还主编点校重刊了清初刊本《东明寺志》《孤云禅师语录》等东明山相关文化丛书，让东明寺这座兴衰更替了六百年之久的临济宗中兴祖庭发出了再次兴盛的希望之光。

就笔者而言，继《东明寺公案》一文之后，受时任东明寺住持证道法师，以及张炳林董事长复建东明寺的热情所鼓舞，利用闲暇时间继续寻觅与东明山相关的史料，找到了包括《孤云禅师语录》在内的一大批东明寺的珍贵文献资料，陆陆续续又写了《东明寺公案续》等二十篇网络日志，拟为东明寺的复兴助一臂绵薄之力。由于本职教学和科研工作任务的紧迫，2014年9月之后，已无时间顾及梳理和书写《东明寺公案》的系列日志，只好将收集到的文献材料束之高阁。冥冥之中，仿佛是东明慧旵祖师以他法名中的一个“旵”字引导笔者与东明山结了缘。“旵”者，“日光照也”。不可思议的是，笔者每次赴东明山礼谒东明塔院，阳光总是透过毛竹林的缝隙，像一束舞台追光一样照在慧昷祖师的塔陵中，让铭刻着"明开山东明昷祖师塔"的太湖石熠熠生辉。每见此景，笔者便会生出写一本东明山史书的念头，以不辜负与慧昷祖师隔时隔空的名号之缘。《三国志》有句曰"朝旦为辉，日中为光"，慧昷祖师字东明，号虚白，而笔者贱名亦一个"辉"字，寓意相同。是故，笔者试图以东明山的历史变迁为载体，向有缘的读者讲一个历经明、清以及民国时代长达六百年的禅院兴衰的故事，它的起落律动正好与中国史的脉动相一致。只可惜，笔者未尝受教于高僧大德，未曾悟得禅门半点皮毛，再加东明寺本身几度兴毁，史料缺失严重，东明寺的传灯历史有许多问题依然谜团重重，只好借用"公案"一词，将叙述范围扩大，添加一些东明山的逸话，名之曰《东明山公案》。

必须指出的是，此"公案"并非禅宗之公案，而是有待方家援手解决的谜案。十年过去了，书稿总算付梓，了却一个心愿，更期待诸公案逐一得解。

目　录

第一章　扑朔迷离的东明道场之缘起

欲知东明寺的历史，最为简便的方法当然是查阅该寺的寺志。目下，最为全备也是唯一能够得以阅览的是上海图书馆所藏清康熙刻本《东明寺志》，该寺志由时任东明寺首座湛潜禅师在独耀性日禅师顺治十六年（1659）原修《东明志》基础上增补而成，刻印于康熙阏逢摄提格（1674）①。该寺

① "阏逢摄提格"为古代太岁纪年法，即甲寅年。据沈津《书城风弦录——沈津读书笔记》中"王培孙和南洋中学藏书"一章介绍，《东明寺志》原为上海南洋中学校长王培孙（1871—1952）个人所藏。王培孙在办学的同时，好收罗古籍收藏，在1919年间因视网膜剥离失明后顿悟人生无常，便游心法界，更致力于佛教典籍善本的觅购。1926年南洋中学图书馆建成后，其藏书系数存入，最后数达76700余册，内中不乏如《东明寺志》等一些孤帙善本。这批图书后经由上海合众图书馆于1958年合并归入上海图书馆收藏。（沈津：《书城风弦录——沈津读书笔记》，广西师范大学出版社，2006年，第197—200页）另据沈津《中国珍稀古籍善本书录》介绍，"《四库全书总目》《续修四库全书总目提要》（稿本）未收。台湾《'国家图书馆'善本书志初稿》《日本内阁文库汉籍分类目录》《南京大学东洋文化研究所汉籍分类目录》《京都大学人文科学研究所汉籍分类目录》未著录。台北明文书局编《中国佛寺史志》、江苏广陵刻印社编《中国佛寺志丛刊》也未收入。美国国会图书馆、哈佛大学哈佛燕京图书馆、普林斯顿大学葛思德东方图书馆等皆未入藏。《中国古籍善本书目》著录，作'清康熙十三年刻本'，仅上海图书馆一帙"。（沈津：《中国珍稀古籍善本书录》，

志云："寺以僧传，僧以道显，东明寺之得以僧显，自昙祖昉也。前乎此者有人矣，道通以来诸禅师是也。"① 也就是说，东明寺因慧昙禅师而扬名，不过，开山祖师则另有其人，那就是唐代的紫玉道通禅师（731—813）。宋《高僧传》卷第十、《五灯会元》卷第三、《景德传灯录》卷六和元《六学僧传》卷六都有紫玉道通之传记，然而皆为简历而已，并未载其详细生平。有关道通在浙江的行迹，这些传记只说道通在拜马祖道一为师后没多久，"然誓游方吴越之间。台明山谷，靡不登陟。迨乎回锡江西泐潭山门，励心僧务，不惮勤苦"②。文中并没有一字半句涉及余杭，更何况道通到访吴越之地，性质是"游方"和"登陟"，到每个寺院仅仅是行脚挂单而已，在某地开山新建寺庙的可能性极小。正是这个缘故，湛潜在"开山道通禅师"条目中，实事求是地写了如下一段文字：

> 按《传灯世谱》，有紫玉道通者，系马祖法嗣。当时一百三十八人，或阐化一方，声名烜赫；或栖山隐静，冥灭鲜闻。显晦不同，事实无据，未审详确，姑阙疑以俟博览者。③

广西师范大学出版社，2006年，第115页）该藏本目前已作为张炳林主编的《东明山文化丛书》之一，由上海古籍出版社于2012年影印重版。
① （清）湛潜：《东明寺志》，上海古籍出版社，2012年，第25页。
② 《中华大藏经》编辑局编：《中华大藏经（汉文部分）》（六二），中华书局，1993年，第91页。
③ 《东明寺志》，第25页。

那么，湛潜的东明寺"道通开山说"因何而来呢？问题应该源自胡濙所撰《东明寺虚白慧昙禅师塔铭》。这个塔铭可以说既是记述东明寺，也是叙述慧昙禅师生平的最早文献。《塔铭》载慧昙在杭州昭庆寺受具后，于戊子年（1408）"访安溪古道场道通禅师遗踪。师见其峰峦秀拔，遂有终焉之意"①。胡濙写此《塔铭》的依据则来自当时东明寺慧昙禅师的再传弟子智宗和智鉴等人的口述。《塔铭》末节，胡濙特意解释说："今其上首本寺住持觉明，令僧智宗、智鉴赍天竺灵山住持临川妙偁状师行业，征余写铭。余于宗门，未尝究竟，罔措颂美之辞，特摘状所实写铭，庶几不失其实，俾末学得以瞻承遗范云尔。"②可见，胡濙为慧昙撰写塔铭并没有十分的把握，所以说但愿"不失其实"。从《塔铭》可知，东明山在慧昙驻锡之前确实已有道场存在，且有传言道通禅师到过此地，所以慧昙才寻访到了此地，至于他是否找到了道通之遗迹，安溪的这个古道场名称是什么，《塔铭》并未交代清楚，只是说慧昙因其"峰峦秀拔"喜欢上了这个地方而住了下来，但招致了原有"静人"的不满和担忧。"山之先住静人恐其侵据，郁悒不乐，夜梦神人告曰：'汝不可轻慢此僧。后当大建道场。弘法度人。'"③我们不得而知

---

① 高本钊：《明版嘉兴大藏经》第四十册，新文丰出版公司，1987年，第496页。
② 同上注
③ 同上注

胡濙所谓"静人"，是泛指隐居静修之人，还是有其他具体专门指称，反正不会是持有朝廷度牒的僧人或道士。因为明朝自开国皇帝朱元璋起，对于寺观和出家人的管理是非常严格的，每个寺观及僧道都会有度牒姓名登录在册。释大壑（1576—1627，字元津）所编《南屏净慈寺志》卷之九"僧制"中就记录了洪武十年、十五年、二十七年、二十九年朱元璋所下有关僧人规章与寺院制度的圣旨，出台了僧侣必须考获戒牒，寺院必须严格控制僧侣人数规模，并向衙门报备僧人名册等等僧寺制度条例。[①]嘉靖朝曾担任吏部、工部侍郎的何孟春（1474—1536）在《余冬序录》卷五十八亦有如下一段详细记载：

> 洪武二十四年，命礼部清理释、道二教。敕曰："今之学佛者曰禅、曰讲法、曰瑜珈，学道者曰正一、曰全真，皆不循本俗，违教败行，为害甚大。自今，天下僧道，凡各府州县寺观虽多，但存其宽大可容众者一所并居，毋杂处于外，与民相混。违者治以重罪，亲故相隐者流，愿还俗者听。其佛经翻译已定，不许增减词语。道士设醮，亦不许拜奏请词，各遵颁降科仪。民有效瑜珈，称善友，假张真人名，私造符箓者，皆治以重罪。天下僧道，有创立庵堂寺观，非旧额者，

---

① （明）释大壑：《南屏净慈寺志》，杭州出版社，2006年，第275—279页。

悉毁之。"二十七年，榜示天下，寺观凡归并大寺，设砧基道人一人，以主差税。每大观道士，编成班次，一年高者率领。除僧道，俱不许奔走于外，及交构有司，以书册称为题疏，强求人财。其一二人于崇山深谷，修禅及学全真者听；三四人不许，毋得私创庵堂。若游方问道，必自备路费，毋索取于民。所至僧寺，必揭周知册验实，不同者，拿送有司，民间充军，不许收留为僧，违者并儿童、父母，皆坐以民罪。年二十以下，愿为僧者，亦须父母具告，有司具奏，方许。三年后，赴京考试，通经典者，始给度牒；不通者，杖为民。有称白莲、灵宝、火居，及僧道不务祖风、妄为议论沮令者，皆治重罪。①

明成祖继位不久，实行了比其父亲更加严苛的僧道政策。《余冬序录》记载：

永乐六年，令军民子弟、僮奴，自削发为僧者，并其父兄，送京师，发山做工，毕日就留为民种田，及庐龙牧马。寺僧擅容留者，罪亦如之。十年，又以僧道多不守戒律，谕礼部，将洪武年中严禁，揭榜申明，违者杀不赦。十六年，定天下僧道，府不过四十人，州不过三十人，县不过二十人。②

---

① 《中华野史》编委会编著：《中华野史（卷七）明朝卷（上）》，三秦出版社，2000年，第6176—6177页。
② 同上书，第6177页。

有学者认为，明成祖曾长期任用胡濙追访打探建文皇帝下落，所以永乐年间对于僧道寺观的严苛管理当缘起于胡濙之《僧道度牒疏》，疏言洪武年间对天下僧道之造册登记，"殆今年久，前令寝废，有亡殁遗留度牒，未经销缴，为他人有者；有逃匿军民，及囚犯伪造者；有盗卖影射，及私自簪剃者。奸弊百端，真伪莫辨"①。这才有了永乐六年（1408）后，朝廷一次又一次对僧道二教的强化管理。到明宣宗时期，僧人游方受到了更加严格的限制，就在东明寺受朝廷赐额前两年，即宣德八年（1433），朝廷"令天下有司关津，但遇削发之人，捕送原籍，治罪如律"②。到慧昙圆寂的明英宗时期，胡濙已主政礼部和户部多年，不可能为未入官府名册的佛寺僧人撰铭立传。那么，可以想见，当时的东明山（或曰古道山）之道场，除了那个"静人"，并无其他僧人常住，寺院建筑必定也是狭小简陋的，不足以容纳多人，这才招致那位无名"静人"担忧慧昙"侵据"了他的地盘。

明以后许多佛教史料称东明山原名古道山。乍一听，这座山似乎原本就有道场并已扬名悠久，然而，杭州现存最早的三个地方志，即宋代乾道五年（1169）周淙、淳祐十二年（1252）施谔和咸淳年间（1265—1274）潜说友编修的《临

---

① 丁守和等主编：《中国历代奏议大典3》，哈尔滨出版社，1994年，第895页。
② 《中华野史（卷七）明朝卷（上）》，第6177页。

安志》，其中之山川、寺观及方外人物传均未有"古道山""古道寺"和"道通禅师"等记载。与之最相近的是"大遮山"，《淳祐临安志》曰："大遮山、乌尖山在钱塘县孝女北乡，接连余杭县及安吉州武康县界，高三百丈。"[1] 而《咸淳临安志》卷三十六中载："安溪，在钱塘县，去北关五十里，溪上大遮山有龙王祠，舟人相传，风雨之夕，龙吐珠有光。"[2] 也就是说，在安溪和大遮山之间，宋代有名的人工建筑只有龙王祠。[3] 关于该龙王祠的传说见于宋明清钱塘、杭州等县州历代方志，直至民国时期钟毓龙（1880—1970）撰《说杭

---

[1] （清）阮元辑：《淳祐临安志》，江苏古籍出版社，1988年，第210页。

[2] 浙江省地方志编纂委员会：《宋元浙江方志集成》第2册，杭州出版社，2009年，第733页。

[3] 宋代，大遮山上似乎还有一处建筑。（宋）吴自牧《梦粱录》载："惠泉，在钱塘长寿乡大遮山惠泉寺。"（吴自牧：《梦粱录》，浙江人民出版社，1980年，第99页）然而，民国《杭州府志》编者认为此记录值得怀疑，有待进一步考证，言："按《咸淳志》：'惠泉在长寿乡大老山。'《梦粱录》云'长寿乡大遮山惠泉寺'，《乾隆志》据列入大遮山下。而大遮山实在钱塘孝女乡。吴氏明云'长寿乡'，与《潜志》同。则云大遮乃大老之误笔。大老山，亦未知所在。今姑列为长寿乡。俟考。"（见洪尚之主编：《之江文献》，浙江人民出版社，2010年，第71页）此前，清末文人张道就提出过一样的怀疑，云："吴氏以大老为大遮，讹。大遮山自在安溪镇也。胡书农《定乡杂咏》诗云：'真伪世间谁辨得，此中还有惠山泉。'"［见（清）丁丙撰辑：《武林掌故丛编》四，京华书局，1967年，第2284页］其言下之意，惠泉寺在富阳、余杭交界的长寿乡大老山上。

州》还依旧称："东明山之北曰箬帽山。再北曰大遮山，高四百八十三公尺，一名大竹山，与武康县共之。山有龙穴，安溪舟人相传，谓风雨之夕，龙吐珠为光，亦神话耳。有青龙冈，与武康分界。"①至于大遮山前出现东明寺的记载则是在十五、十六世纪之后，万历年间吴之鲸所撰《武林梵志》言："东明寺在安溪大遮山前。"②

如果紫玉道通禅师确曾在安溪大遮山下驻锡建过道场，且有"古道山"或"古道寺"之遗存，那么宋代方志不会不作记载，而元代不足百年历史，没有相关杭州地方志可考。明代洪武中期，有杭州郡学教授徐一夔修成《杭州府志》，永乐年间有续志，景泰年间又有续志，但都相继散佚，民间虽有个别收藏，然而"脱谬殊甚"，于是退隐归居杭州的朝廷命官夏时正担起了重修《杭州府志》的重任，于成化十一年（1475）二月在城北妙行寺万佛窑阁开工编修，十月成书。③大概编修场所设在寺院之故，内中对东明寺的开山开法有了第一次较为详细的官方记载，其卷之五十有文如下：

东明寺在安溪后，大遮山之前，去县治西北五十余里。洪武初，僧通结茅于此，曰"深隐庵"。永乐戊子，僧慧昷

① 钟毓龙：《说杭州（增订本）》，浙江人民出版社，1983年，第80—81页。
② （明）吴之鲸：《武林梵志》，杭州出版社，2006年，第84页。
③ （明）夏时正、陈让：《成化杭州府志》（一），第3—8页。

请"小隐寺"旧额易庵为寺。昆字东明，有禅誉。宣德乙卯，朝廷以昆之字赐寺额曰"东明"。正统辛酉，昆示寂，胡尚书淡为撰《塔铭》。未几，寺燬。嗣僧觉明重建。①

不过，此条记载以及该府志之山川卷依旧没有出现"古道山""古道寺"之说，对于"大遮山"，沿袭宋代方志记载，曰："大遮山、乌尖山并在县西北孝女北乡，接连余杭及武康二县界，高三百丈。"②该府志编纂时间离东明寺正式接受朝廷赐额以及慧昆禅师示寂前后不到40年时间，杭州府是除钱塘县衙外管辖最直接的一级官府，当时整个杭州府僧人允许配额又仅仅只有三四十人，所以这条对东明寺发源的记载应该是现有史料中比较可靠的一条。正是这一原因，当明末文人毕懋康（1571—1644）为考证建文帝是否曾隐居杭州东明寺和净慈寺而撰文时，也引用了此条史料。毕懋康为万历二十六年（1598）进士，官至南京兵部、户部侍郎。他的这篇《建文僧像记》被收录在大壑所编《净慈寺志》中，大壑时住净慈寺，内曰："予考杭郡志，昆，字东明，有禅誉。永乐戊子，昆请小隐寺旧额，易庵为寺，庵初名深隐，洪武初，僧通结茅于此。宣德乙卯，朝廷以昆字赐寺额。"③

---

① 《成化杭州府志》（三十二），第4页。
② 《成化杭州府志》（四），第74页。
③ 《南屏净慈寺志》，第268—269页。

联系到慧旵禅师《塔铭》中所言慧旵是为访道通禅师遗迹才来到安溪，我们可以推理出一种可能，那就是慧旵误将当地人所称洪武初年僧通始建的"深隐庵"误认作了唐代道通禅师之遗迹，然后安顿下来，向朝廷申请寺额，传经授徒，创立东明道场，并使此前名不见经传的"古道山"因寺名易称"东明山"而为人所知。至于原山名"古道山"，也许是缘于其近处有宁杭古道武康至杭州的关隘"九度岭"和山脚下有安溪上的广济古桥而得名。如同"僧通"被讹传成"道通"一样，后来"道路"之古又被讹传成了"道场"之古，于是便有了东明山为唐代紫玉道通禅师开山之古道场的传言。[①]

另外还有一种可能，明洪武初年始建"深隐庵"的僧通或许是武康双髻峰高峰禅院的洪武年重建者僧德通，"德通"被讹传成了"道通"。东明山的后山大遮山乃武康与余杭之界山，东明山左右各有一峰名曰"东髻峰"和"西髻峰"，

---

① 方志中最早出现"东明山旧名古道山"的表述当属万历三十七年（1609）聂心汤编修的《钱塘县志》，曰："洋后山有安溪税课司、接待寺。为东明山，旧名古道山，山高可眺浙江，有东明寺深隐庵，俗传建文帝隐此。北为大遮山，山更高，上有龙潭，有龙王庙，东南为乌尖山。"（见聂心汤：《万历钱塘县志》，台湾成文出版社，1975年，第158页）但缘何谓"古道山"，不得其详。而稍前的万历七年（1579）重修本《杭州府志》除了全文移录《成化杭州府志》中的"东明寺"条目以外，依然没有出现"古道山"字样。

合称"双髻峰"①。《东明寺志》编印的鉴定者愚山藏禅师曾写有四言诗《双髻之下十章章四句》，诗前有引曰："双髻，东明山名也。"②无独有偶，距离东明山直线距离仅20公里的武康莫干山东界也有一座山叫"双髻山"，又名"双髻峰"，是慧昆的临济祖师高峰原妙（1238—1295）和中峰明本（1263—1323）禅师的古道场。据赵孟頫《高峰和尚行状》（现藏故宫博物院），高峰原妙赴西天目闭死关之前，与双髻庵主攀缘，于甲戌年（1274）在武康双髻峰结茅说法六年。这六年，高峰原妙经历了宋元更替的时艰，元兵威胁，信众聚散，绝食危坐兼旬。为此，弟子中峰明本赋诗怀念曰："双髻云深古道危，不来夜半叩柴扉。六年底事成遗恨，寂寞空山啼子规。"③《道光武康县志》记载，武康双髻山于至元三十年（1293）由建妙禅师开山建了高峰禅院，后毁于元末兵燹，明洪武十一年（1378）僧德通重建。大概是仰慕高峰原妙"来不入死关，去不出死关。铁蛇钻入海，撞到须弥山"之故，德通又名"铁关通"，所以，明陆本枝《重建

---

① 《东明寺志》卷上"峰岭泉涧井"条称：东明山"山之形势，自临安天目峰来，东起为径山、双髻，层峦起伏，迤递三十里；再耸为大遮，由大遮右臂落脉，再起为东髻峰，即所称'东明山'是也。自东髻逶迤而南，结为平冈；稍东一峰为西髻峰，亦稍亚于东髻。两峰岌兀，望之如髻然，故名。"（《东明寺志》，第14页）

② 《东明寺志》，第77页。

③ 周庆云：《莫干山志》，大东书局，1936年，第41页。

高峰院碑铭》称“洪武戊午铁关通禅师重兴”[①]。洪武十一年就是洪武戊午年，即公元1378年。其实，高峰山与双髻山并不是同一座山，《莫干山志》写得明白：“双髻峰在高峰山左千余步。”而慧昱禅师是在西天目结千日期满，在昭庆寺受具足戒后开始寻访“古道场道通禅师遗踪”的，其真正的目的是想从西天目开始，以洪武初年“德通禅师建高峰禅院”为线索，回访祖师高峰原妙、中峰明本之“古道场”武康双髻山，结果错把武康余杭界山处的双髻峰误认作了古佛遗迹，定居下来，弘法开创了东明禅寺，东明寺左右两座山峰因而也同样有了“双髻峰”之谓。

究竟史实如何？笔者认为《东明寺志》编修者湛潜的态度最为可取——“阙疑以俟博览者”，找到可考的文献依据。在确切的史料出现之前，目下有一本《东明寺遗址考古发掘报告》可资参考。该报告是杭州市文物考古研究所根据2013年4月至7月在东明寺法堂和塔院考古发掘的成果汇编，内中有一个结论似乎能从一个侧面说明问题，那就是：“经过清理，在现存建筑基础遗迹下未发现更早时代的遗迹，再通过建筑地面、墙基、柱网结构等做法的比较，可以确定现存法堂遗迹基础应始建于明初，地面建筑则经过清初的重建。

① 《莫干山志》，第133、136页。

因此法堂应该建于明代早期，清康熙五年重建"①。法堂是禅宗道场的核心建筑，这个结论似乎直接否定了在明初以前东明寺旧址上曾经有过古道场之说，与诸多方志记载相吻合。不过，无论如何，慧昙禅师乃东明山开法祖师这一事实是毋庸置疑的。故此，笔者很乐意做一回文抄公，特全录其塔铭如下：

东明寺虚白慧昙禅师塔铭

资德大夫正治上卿礼部前太子宾客兼国子祭酒毗陵胡濙撰

中顺大夫京府丞前翰林编修东吴朱孔阳书

中宪大夫太常少卿经筵侍书广平程南云篆额

师讳慧昙，字东明，号虚白，姓王氏，其先湖广人也。父为丹阳税课司副使，遂家焉。母黄氏，方娠，一夕梦僧顶包入门。及产，师有异质，警悟不凡，经书过目即能成诵。甫七岁，尝梦坐稠人中，挥麈谈论，醒以告母。母曰："此僧家说法象也，他日令汝出家。"年十四，即礼邑之妙觉寺僧性某湛然为师。湛然问曰："汝为何事？"答曰："作佛。"然大奇之。既为落发受戒，晨夕精进，服勤三载，值湛然转江西疏山住持。时闻松隐唱导云间，即往咨叩其心印。至一小庵，自誓曰："我今若不彻证，决不复回。"遂禅定，至

①杭州市文物考古研究所：《东明寺遗址考古发掘报告》，上海古籍出版社，2018年，第16页。

六日方出定。举首睹松，豁然有省。自此昼夜无睡，坐如铁幢，故诸方号之为"昆铁脊"。寻又至苏之玄墓山，见果林和尚，针芥相投。然后指示见宝藏持禅师。师具陈悟因，藏斥之曰："佛法如大海，转入转深，那里泊在此处？"师遂亲炙于座下。藏一日问曰："心不是佛，智不是道，汝云何会？"师向前问讯，叉手而立。藏呵之曰："汝在此许多时，还作遮个见解！"师乃发愤忘寝食，至第二夜，蓦然彻法源底。遂呈偈曰："一拳打破太虚空，百亿须弥不露踪。借问个中谁是主，扶桑涌出一轮红。"藏笑曰："虽然如是，也须善自护持，时节既至，其理自彰。"师受嘱别去。至永乐甲申岁，登天目结千日期。期满，至昭庆受具。戊子访安溪古道场道通禅师遗踪。师见其峰峦秀拔，遂有终焉之意。山之先住静人恐其侵据，郁悒不乐。夜梦神人告曰："汝不可轻慢此僧，后当大建道场，弘法度人。"师于山中入关，一住三十余年，影不出山。道风扬播，缁素信向，四方请益者接踵，虽耆年宿衲亦争趋座下。盖其诲迪奖励，未尝少倦。有疑而决者析以片言，莫不泠然省解。是致檀施填委，学徒云集，恒至数百。因居所狭隘，不能容众，宣德丁未遂拓基营缮。不二年间，殿堂、门庑、禅室、方丈、钟楼、库宇、僧寮、庖湢，凡所宜有者，靡不毕备，遂成一大丛林。宣德乙卯，钦蒙赐额为"东明禅寺"。复为度僧，俾奉香火。至于己未，罄以檀那献施羡余财帛，重建净慈佛殿。辛酉六月廿有七日，命斋僧众。众知师意不久住世，请师留偈。师曰："一大藏教，无人看着，争用得遮几句闲言语？"至二十九日辰时间，辞众跏趺而逝。停龛七日，颜貌如生。官贵僧俗，扶送者数千人。依法茶毗，获设［舍］利无数，明莹如珠。众函遗骨并设［舍］利，葬于山之东坞而塔焉。师世寿七十，僧腊五十有五。弟子仅百人，受戒者、请诲益者数万人。盖师平昔训诲学徒，无分高下，随机设变，各以其病药之；若遇初机，则和颜悦色，软语恬言，使人醉心快意，如坐春风中。及其较勘宿学，务必辩其浅深，究其源委，毫发不容虚伪。苟有果能进道者，解衣推食而勉之。至于屠腊［猎］之辈，遇师训诲，无不改恶迁善。唯其道力强固，解行兼全，以身任道，务在阐扬宗旨，志在利他，有扣即应，故能致人信向皈依如是之多。今其上首本寺住持觉明，令僧智宗、智鉴赍天竺灵山住持临川妙偲状师行业，征余为铭。余于宗门未尝究竟，罔措颂美之辞，特摘状所实为铭，庶几不失其实，俾末学得以瞻承遗范云尔。铭曰：

　　大雄宗教，昉于四域。流入中华，四海洋溢。

　　初祖达磨，单传直指。返照回光，佛即在是。

　　惟师克绍，挺然负荷。竖立法幢，作大依怙。

　　四众学徒，川奔云集。化如时雨，罔不沾及。

　　赖慈方便，人咸信向。各领奥要，得意忘象。

　　卓哉东明，大元厥宗。世缘既尽，委顺而终。

山之东坞，崇崇窣堵。勒辞琐珉，垂休万古。

己巳秋七月望日，本寺徒弟比丘觉澄、觉明、觉泉、觉净、觉昙、觉圆、觉海、觉真、智林、智诚、智满、智宗、智庚、智鉴、智茂同立石。[①]

---

① 该塔铭原附刻于《万峰和尚语录》之后，见《明版嘉兴大藏经》第四十册，新文丰出版公司，1987年，第496页。

第二章　慧旵禅师现身慧日峰下、随影凤林鸟窠

依了胡濙所撰塔铭，慧旵禅师入古道山建东明寺后，几近闭关，影不出山，直至圆寂。文中虽然提及宣德己未年（1439），他曾悉数拿出信徒们捐献的剩余钱款援建了净慈寺大雄宝殿，然而并未明确禅师是否出山。不过，毕懋康《建文僧像记》不仅告诉了我们慧旵禅师援建净慈大殿的全过程，而且还提供了其圆寂后"影出"东明的信息。相关文字如下：

正统丁巳予寺毁，己未住持宗妙迎旵至寺，欲建是殿。旵即勒募疏，榜诸凤山、武林诸门，曰："愿一人施一钱，为三日要。"乃造三车，至日御焉，而自乘其中车，由凤山，径城内，出武林门，缁白云集，稇载而归。越三日，得钱三十万缗有奇。而大雄殿以建，妙复请旵，为佛阁，为廊，旵不可，曰："吾初愿仅三日耳。讵可再乎？"是时四年春也。[①]

紧接着，毕懋康又提出了另外一个关于慧旵禅师塔的疑问，曰："今北山凤林寺，鸟窠禅师塔左，有东明旵窆堵，岂其爪发衣钵所藏耶？"换言之，慧旵禅师不仅身前曾离开

① 《南屏净慈寺志》，第 269 页。

东明山，到过杭城，而且卒后除了在东明山留有遗骨灵塔以外，杭州北山的凤林寺（今杭州饭店一带）还为其建了一座塔，位于唐代高僧鸟窠道林禅师塔的左侧。该塔所埋也许是其爪发衣钵，万历年间依然保存完好。如此，又生出两段公案：一是杭州府佛寺遍布，苏东坡有"三百六十寺，幽寻遂穷年"之句，当时有重建需求的寺院不在少数，如北山凤林寺就与东明寺一样，重建于宣德年间，"僧如月重建，敕名凤林寺"①，为何慧昙禅师独青睐净慈寺，为其破例下山，伸出了援手？二是凤林寺为何无缘无故要在鸟窠禅师塔旁为其建一座衣钵塔？以当时佛教惯例，和尚圆寂后，除了会在常住的道场附近埋骨建全身塔以外，往往会在有师承关系的寺院塔林再建一座衣钵塔，以示衣钵之传。如慧昙法嗣海舟永慈除了在南京翼善寺有全身塔外，在东明塔院还有一座衣钵塔。那么，明代的慧昙与唐代的鸟窠禅师又会有怎样的师承渊源呢？

崇祯乙亥年（1635）秋，受余杭当地官绅居士之请，临济宗第三十一世传人山茨通际禅师（1608—1652）代病重的师父住锡东明山，力图重振已经寥落了一个半世纪的东明道场。某日，他在整理寺院遗物时，在一个破竹筐中发现了几篇与慧昙禅师相关的旧文，分别是慧昙禅师"法语""机缘""偈赞"和《慧昙禅师塔铭》，如获至宝，于是将其编

① 《武林梵志》，第 107 页。

辑在一起,由菰城(湖州古称)居士唐元竑出资刻印了一本《东明遗录》[①]。在这本薄薄的小册子中,仅有的一篇"法语",就是慧750禅师在净慈寺示众的语录,而四首"偈赞"有两首分别名曰《出山修净慈佛殿示众》和《净慈归示众》。对勘《南屏净慈寺志》,我们可以发现慧750禅师援手净慈寺重建的以下几点可能的缘由。

第一,《出山修净慈佛殿示众》首句曰:"三十余年不出山,只缘接物到人间。"这说明慧750是因为有一个难以推却的人际应酬才破例去了净慈寺,而且是速去速回,深恐坏了他长年的静修,"等闲绀殿功圆毕,依旧回山独掩关"。另外,他还写了首《净慈归示众》偈赞,自我反省但又不无自得地对东明僧众说:"株守林泉三十载,一条拄杖两眉横。去来不用纤毫力,试问云水会未曾?"[②]在他看来,云游四方并不难,而静居东明山三十余年修道是需要有足够的定力的,但为了待人接物,万不得已只好破了这三十多年的功夫。为谁?为都御史王公之请,《东明祖灯录·750祖遗录》之"法语"标题就叫"都御史王公请祖于净慈寺示众"。都御史是专门监督朝廷官员行使职权的机构都察院之长官,这样的朝廷正二品官员出面了,慧750禅师还能推辞得了吗?也许他曾婉拒

---

① (清)山茨通际:《山茨禅师语录》,上海古籍出版社,2013年,第343—347页。
② 同上,第108页。

过，所以在净慈寺时，他借示众之机解释说：如今有许多人虽然聪明，但即便经过二三十年参禅，依然不能证悟，原因是操心不正，无真实信心，以及患得患失造成的。"如今人得些光影便为了当。这边说禅，那边论道。殊不知脚跟下一段生死牢关正好不曾透得。说时似悟，对镜还迷。直须亲到亲证，方可荷负宗乘。"①话里不无自嘲之意。也许他还觉着辜负了当年师父宝藏普持禅师对他入东明山修禅的希望，所以特意写下了师父当年送给他的住山偈："见得分明不是禅，竿头进步绝思言。发扬祖道吾宗旨，更入山中二十年。"②

第二，碍于净慈寺当时在僧界的地位，慧昷禅师也不便拒绝住持宗妙的请求。净慈寺曾是宋代皇帝敕定的五山之一，寺院本身地位就很高，加之明永乐年间其第八十一代住持祖芳道联（1346—1409）深受明成祖青睐，被召至京师担任释教总裁，统管全国佛教事务，并组织纂修《永乐大典》，而时任住持觉庵宗妙（？—1443）乃杭州府都纲，统领整个杭州府下辖的佛教事务③。俗话说得好，县官不如现管，宗妙亲自出面请求援建净慈大殿，慧昷禅师要想继续隐山不出，置之不理，确实很难。

第三，净慈寺曾是高峰原妙、中峰明本的修道之处。中

① 《山茨通际语录》，第 106—107 页。
② 同上，第 109 页。
③ 《南屏净慈寺志》，第 85、86、269 页。

国禅宗自达摩初祖传至慧昆已是第二十八世，其第二十三世祖高峰原妙、第二十四世祖中峰明本驻锡天目山之前都曾在净慈寺修禅。高峰原妙出家就在净慈，历参断桥伦（第四十二代住持）、雪岩钦等禅师数年而未悟道，参不透“生从何来，死从何去”“万法归一，一归何处”等话头与公案，屡屡被师父们棒打，最后终于在五祖演画像下之偈赞“百年三万六千朝，返覆原来是这汉”的启示下开悟，回答雪岩钦的再问“万法归一，一归何处”，曰：“狗舔热油。”自此，师徒禅机交锋不止。不久，高峰原妙便登天目闭死关于狮子岩，三十余载影不出山。中峰明本则是在狮子岩参高峰原妙话头开悟后曾返回净慈寺居住，自题东寮的居室门曰“幻住”，接受元朝仁宗、英宗、文宗赐衣赐号。圆寂后被加谥“智觉”，追谥“普应国师”，深受皇帝和赵孟頫等文臣，以及朝鲜国王王璋等人的礼敬，被尊称为“江南古佛”。[①] 面对祖师曾住锡的寺院大雄宝殿需要重建，慧昆禅师岂能无动于衷？

第四，则是由于他的名号与净慈寺所依慧日峰的缘分。净慈寺乃吴越国国王钱俶所建，当时取名曰“慧日永明院”。“慧日”二字当与九曜山有关，《寺志》曰：“南屏实九曜秀衍融结，以栖祖席而窟仙灵者……甲于武林诸刹，实湖南第一山也。”[②] 明季著名居士虞淳熙曾写过一篇名为《慧日

---

①《南屏净慈寺志》，第 106—107 页。
② 同上，第 12 页。

峰记》的小品文，诠释了慧日峰出名的缘由，文曰："慧日峰所以名，九曜借光也。陈思恭采一石，负宗镜之光者，被慧日名。……升顶，则日轮旭升，浮江映湖，江舟如叶，湖舟如凫，锦塘苏堤……慧日领诸峰之秀，上为永明师藏蜕处也。"[1] 净慈寺开法祖师永明延寿著有《宗镜录》，乃佛家必读宝典。陈思恭则是南宋初儒将，为宋高宗驻跸杭州立过汗马功劳，他崇敬永明延寿及其著述，所以在南屏山顶刻写了"慧日"二字，慧日峰便成了净慈寺有名的景致。慧昙禅师名"慧昙"，字"东明"，正好与"慧日峰"之"日轮旭升"相吻合。我们不得而知这是纯粹的巧合，还是慧昙禅师出家取法名时有意为之，反正两者都能说明禅师与净慈寺的缘分。所以，慧日峰下大雄宝殿毁于火灾，慧昙禅师义不容辞，理当出手援建了。也正是他的这次援手，才得以在《南屏净慈寺志》中留下了其名号，"正统丁巳年（大殿）又燬，住持宗妙、东明慧昙同建"；"宣德壬子觉庵宗妙复山门，正统丁巳大殿又燬，己未宗妙迎东明慧昙，同建正殿，复还旧观"；"当其时（宣德、正统年间），名僧若赜希古、妙觉庵、昙东明，皆有戒行衣钵之传，至今人犹称之。"[2]

　　古代寺院建筑皆为砖木结构，寺院又终日香火缭绕，失

---

① （明）陆云龙等选评：《明人小品十六家》（上），浙江古籍出版社，1996年，第213—214页。
② 《南屏净慈寺志》，第43—44页。

火在所难免。佛家常以"辘轳劫"来比况寺院的这种成住坏空，人同样不可能逃脱生老病死之劫。只可惜慧昙禅师尽管为净慈寺大殿募集了资金，但两年后就在东明山圆寂了，并未见到四年后才建成的大殿雄姿。住持觉庵宗妙则是在见到大殿落成后不久便也涅槃了。

慧昙禅师圆寂后，其法嗣在东明山东侧山坞为其专门建了塔院，立了灵骨塔，此当在情理之中。那为何他曾经援手的净慈寺没给他建衣钵塔，反而貌似八竿子打不着的北山凤林寺为他建了一座爪发衣钵塔呢？

凤林寺，始建于唐代，是一座杭城"外八寺"（灵隐、净慈、圣因、昭庆、凤林、虎跑、圣果和海潮寺）之一的千年古刹，后经太平天国战乱，被烧得只剩大殿和一口明天启年间所铸的大钟，经同治、光绪年重修，恢复到了一定的规模，民国时尚存。据说由于住持的善举，不仅同意辛亥革命相关人士在那里举办过两次纪念秋瑾的大会，而且还让出了山门前一些土地作为秋瑾女侠墓园。不过，凤林寺最终也没能逃脱"辘轳劫"，在 20 世纪 50 年代初为杭州饭店所取代[1]。所以，关于该寺的发展历史也只能从其他方志及传灯录中觅得只言片语而已。明田汝成《西湖游览志》记载：

凤林寺，俗呼喜鹊寺。唐长庆初，禅师圆修居此四十余

---

[1] 王国平总主编：《北山街》，杭州出版社，2004 年，第 28 页。

年，栖息松上，有鹊构巢其傍，人遂呼为鸟窠禅师。白乐天守杭州时，常往参之，曰："大师居处甚险。"禅师曰："太守险。"乐天曰："弟子位镇山河，何险之有？"禅师曰："心火相构，识浪不停，得非险乎？"乐天服之。宣德间，僧如月重建，敕名凤林寺，圆修骨塔存焉。[1]

从此，"宣德间，僧如月重建，敕名凤林寺"一句，几乎成了与慧昙禅师同时代的所有相关文献的唯一线索。如明万历年间吴之鲸所撰《武林梵志》、清梁诗正等人所撰《西湖志纂》、许承祖撰《西湖渔唱》，还有李卫的《浙江通志》等等，都仅抄录这么一句而已。宣德年间，慧昙禅师一直在东明山隐修和建设东明寺，不太可能会助建凤林寺，以至有恩于凤林寺。我们也难以知晓凤林寺的僧如月与慧昙禅师有什么关系。不过，当年山茨通际禅师发现的那个破竹筐中有一篇慧昙禅师所写的"颂"，倒是提供给了我们一定的启示。颂曰：

鸟窠禅师有侍者名会通，唐德宗六宫使，弃官从师落发，伏勤数年，未蒙印授。一日告辞。师曰："往甚处？"通曰："往诸方学佛法去。"师曰："若是佛法，老僧亦有少许。"

---

[1] （明）田汝成：《西湖游览志》，东方出版社，2012年，第111页。

通曰："如何是和尚佛法？"师拈起布毛吹一吹，通于言下大悟，更不复他游。后开法为的嗣，号"布毛侍者"。

佛法不从人处得，何须特地扣诸方。

布毛拈起知端的，也是重加雪上霜。①

佛教中所谓"颂"，是一种用于唱诵的诗歌，分为"孤起颂"和"重颂"两种，前者是指直接以押韵的诗句道出一段内容，后者则是先以散文的形式唱诵，然后以诗词归纳重复散文的内容。显然，慧录禅师的这首颂词是"重颂"，他将"布毛侍者"会通禅师悟道的公案写成了一篇可以唱诵的诗文。这就是他对凤林寺所作的贡献。

据《景德传灯录》等佛教史志记载，招贤寺会通禅师乃鸟窠禅师的法嗣，杭州人，俗名吴元卿。他自幼聪慧，唐德宗时任六宫使，行走于后妃王族之间，颇为皇上赏识，视其如兄弟，然而，他觉着这些荣华富贵都是虚幻之相，二十二岁时，以母亲病患为由坚辞回到了杭州，在韬光法师的力荐下，拜创建喜鹊寺不久的鸟窠禅师为师，剃度出家。虽然会通禅师一方面作为鸟窠禅师的侍者，尽力侍奉师父；另一方面昼夜精进，诵大乘经，习般若三昧，但十六年过去，师父依然没有教他佛法真谛。所以，便有了上述慧录禅师所写会通禅师悟道的公案。

---

① 《山茨通际语录》，第107页。

今人读到"也是重加雪上霜"一句，一定会联想到"雪上加霜"这个成语，它的出处就是《景德传灯录》等佛教典籍，但其原意与今人比喻接连遭受灾难略有不同。《景德传灯录》中有五处"雪上更加霜"的词句，最先出现于卷八之大阳和尚与徒弟伊禅师的禅机交锋中，书中言：

师云："谁？"伊云："某甲。"师便咄之，伊退步而立。师云："汝只解瞻前，不解顾后。"伊云："雪上更加霜。"师云："彼此无便宜。"①

这里的"雪上更加霜"与"彼此无便宜"，喻指与"布毛拈起知端的"之"端的"相同，说的是佛法不可外求，就像每个人自己穿着布衣，随身都有布毛，内求才可得道，他人提供不了"便宜"，帮不上忙。如果到处去寻高师，求佛法，无疑是白雪上再加白霜，非但不能增色，反而会寒上加寒，愚上加愚，于悟道毫无益处。

会通禅师在师父圆寂近二十年后，遭遇"武宗灭法"②，

① （宋）释道元：《景德传灯录》，成都古籍书店，2000年，第130页。
② 唐后期因为寺院免税免赋役，经济上过度扩张，影响到了朝廷的财政收入，加之武宗信道厌佛，在道士们的大力支持下，从会昌二年（842）至武宗驾崩（846），朝廷应旨发起了大规模拆毁寺院，逼迫僧侣还俗的毁佛运动，并累及摩尼教、景教等宗教，史称"武宗灭法"，也称"武宗灭佛"，或称"会昌法难"。

寺院被毁，只好与其他僧众拜别师父灵塔，云游而去。"师与众僧礼辞灵塔而迈，莫知其终。"①

武宗灭法，天下寺院大多被毁，会通禅师一干人去了哪儿呢？连接余杭、武康两地的九度岭古道也许是他们的途径之地，隐入近旁的深山继续筑庵静修，不是没有可能。如果笔者的这个推测成立，那么前章论及的明初建深隐庵的"僧通"很有可能年代被搞错了，非明代而是唐代，因为古人写僧传，往往会略去僧人名字中的第一个表示辈分的字，并在其前加上寺院名称，如莲池大师就称会通禅师为"招贤通"，曰："唐招贤通禅师，少为六宫大使，因诣鸟窠求出家，窠不纳，坚求，乃为剃落。"②明僧圆信（1571—1647）校定的《先觉宗乘》卷四有标题曰"相国于頔问紫玉通、药山俨"，就简称紫玉道通禅师为"紫玉通"。③而慧昭禅师的《颂》中，则直接以"通"一个字指称会通禅师，曰"师拈起布毛吹一吹，通于言下大悟"，很容易让人搞混，不知所说是哪个叫"通"的和尚。《慧昭禅师塔铭》也许以讹传讹，说安溪古道山是道通禅师遗迹，实际却很有可能是会通禅师遗迹，因为，至

① （宋）释道元：《景德传灯录》，成都古籍书店，2000 年，第 57 页。
② （明）莲池大师：《莲池大师文集》，九州出版社，2013 年，第 248 页。
③ 蓝吉富：《禅宗全书·史传部十五》，台湾：文殊出版社，1988 年，第 572 页。

今所有佛教典籍对紫玉道通禅师这个非杭州寺院的僧人不仅记述极简，而且根本没有他到过杭州的记录。而作为杭州人、杭州僧的会通禅师隐入古道山，异地悄然重建喜鹊寺古道场，倒是合情合理。慧昆禅师寻到会通禅师的踪迹后，依这位前辈的悟道之路，影不出山三十余载，并且为其写了上述颂词，实际上也表明了他的求法理念直承鸟窠禅师和会通禅师。

这也许就是北山凤林寺为慧昆禅师建爪发衣钵塔的缘由。究竟事实如何，如今已难以复原了。"明月倒涵渔港棹，晓霜背听凤林钟。"[①] 依了佛家的话，这毕竟也是虚幻之相，不深究也罢。

---

① 这是葛岭路上原有的一副对联。参见邵长蘅 (1637—1704)《夜游孤山记》，收录于马时雍：《杭州的寺院教堂》，杭州出版社，2004 年，第 184 页。

第三章　东明、净慈供奉建文像始末

万历乙卯（1615）年端午节，毕懋康写了一篇《建文僧像记》，不仅指出东明寺因慧昙禅师之字而得名，而且还分析得出结论说："谓昙为建文君者，亦讹传耳。"并存疑曰："昙终于东明，而野史载建文，咏野老之后，卒终大内，则寺志所载，亦传其疑者欤？姑记所传，以俟再考。"[①]文中的"寺志"所指当是时住净慈寺僧大壑所编《南屏净慈寺志》的初稿，内中记载："传闻释慧昙即建文君，隐于钱塘县安溪之东明山云。"[②]然而当该寺志于万历四十四年（1616）正式付梓时，编者删去了这一句话，反而收入了《建文僧像记》，这实际上也表明了大壑对于建文帝就是慧昙禅师之传说的否定态度。不过，该文并没否定建文曾隐居东明和净慈，东明和净慈二寺都供奉过建文像却也是事实。因此，有必要探讨一下其来龙去脉。

关于建文帝的史籍，中国社科院杨艳秋先生曾专门作过梳理，撰文《明代建文史籍的编撰》，指出：

---

① 《南屏净慈寺志》，第 269 页。
② 同上。

　　人们的怀旧心理，彰明忠义的心理，特别是政策的日益宽松，例如，明成祖的儿子明仁宗一即位便下令释放建文的家属，并认定方孝儒为忠臣，以及天顺年初，明英宗又释放被囚禁了50多年的建文之子文圭等，使得自明朝正德中期起出现了一大批有关建文帝的史籍。朝廷对于建文的同情，也催化了1440年杨行祥等僧人冒充建文帝及其随从的事件，而这一戏剧化的假冒事件倒过来又触发了那些同情建文的文史学家们的灵感，所以，此后便有好多提及建文帝隐为僧人云游天下寺庙的史籍问世。[①]

　　目前所知最早记录传言建文帝曾隐居余杭东明寺的是一本名为《叙录》的书，杭州人郎瑛之《七修类稿》（完稿于1566年）和嘉兴人屠叔方之《建文朝野汇编》（完稿于1598年）都引用了《叙录》中的一段描述，说："钱塘东明寺，土人相传建文曾居于此，至今其厕如楼，非常人家所造。"[②]

---

① 王俊义主编：《炎黄文化研究》第2辑，大象出版社，2006年，第258—259页。

② （明）郎瑛：《七修类稿》，上海书店，2001年，第126页。（明）屠叔方：《建文朝野汇编》，北京书目文献出版社，1989年，第382页。《千顷堂书目》卷五《别史类》，屠叔方《建文朝野汇编》介绍："万历甲申，叔方为监察御史，尝上疏请祠谥建文仗节诸臣，恤录其子孙，免诸姻党之谪戍者。得谕旨。复辑成是书，首为编年，次为列传，而以传疑、定论附之，自为序。"（参见杨翼骧编著、乔治忠、朱洪斌订补：《增订中国史学史资料编年（元明卷）》，商务印书馆，2013年，第394页）由此可见，此本野史文献似乎具有半官方的性质。

我国古籍中简称《叙录》的书很多，郎瑛《七修类稿》"九江碑工"条有这么一句："何燕泉《叙录》亦然也。"可见，他所引用的《叙录》应该是因写建文史籍《续备遗录》而闻名的何孟春（号燕泉）之著作。然而，事实上，何孟春并没写过全称或简称《叙录》的书，屠叔方在《建文朝野汇编》所列的参考书目中也没有《叙录》这本书。何孟春所著《余冬序录》《何孟春续录》等书中也都没有关于东明寺的任何字句。不管如何，历史上确实有过《叙录》这本书也罢，还是郎瑛伪托了《叙录》这本书也好①，反正是"土人相传"，杭州当地人有过此种传言大概没错，因为此则传言也被记录于同一个时期另一个杭州人田艺蘅所撰《香宇外集》（1573年刻印）中，《香宇外集》后来被改名为《留青日札》。内中曰：

> 东明寺在钱塘安溪，去吾乡不二十里。相传建文皇帝为

---

① 杨艳秋先生认为，万历时期，由于朝廷有为建文朝臣平反的倾向，官修正史时也有改正建文史事的意图，所以，激起了人们对建文帝的同情，因而出现了一些伪托之作。如伪托史仲彬所撰《致身录》、程济所撰《从亡随笔》等史籍，专门记载了建文帝出亡以及诸臣相随的事迹，将杂记讹传载于史书，编造了许多故事和人物。史仲彬、程济都是建文朝的大臣，托名他们撰写史籍，使人们更易相信建文出亡实有其事。（参见杨艳秋：《明代建文史籍的编撰》，王俊义主编：《炎黄文化研究》第2辑，大象出版社，2006年，第263页）《叙录》或许就是此类伪托书之一。

僧，曾居此寺。旧传厕制如楼，与人家颇异。后留广西。归老北京宫中，称曰老佛。崩时，欲谥为神宗，而朝廷不允，葬西山，铭曰"天下大法师之墓"。[1]

从以上几则记录看，当时的传言中，建文帝与东明寺的名称由来无关，他与慧旵禅师也并非一人，而且也没有说东明寺有建文帝的遗像。

到了明朝万历年间，由于万历皇帝同情建文帝，下诏平反了被定罪的建文忠臣，并为他们在各自的家乡建忠节祠，以褒扬他们不事二主的忠义，于是《表忠录》《忠节录》等相关史籍又陆续问世。1594 年，明朝官方因礼部尚书陈于陛的奏请，掀起了编纂本朝纪传的史学活动高潮，各地也纷纷开始重修方志。于是，此后杭州方志中有关东明寺与建文帝的故事传说有了进一步的发展。1609 年，聂心汤等人编修《钱塘县志》，言："东明山，旧名古道山，山高可眺浙江。有东明寺、深隐庵，俗传建文帝隐此。"在其《纪制·寺观》中还言："东明寺在安溪大遮山前，建文君为僧至此，有遗像。"[2] 就在这一年中举的杭州人吴之鲸编写有《武林梵志》，其中关于"东明寺"的条目，与《钱塘县志·寺观》

----

① （明）田艺蘅：《留青日札》，上海古籍出版社，1992 年，第 505 页。
② 《万历钱塘县志》，1975 年，第 158 页。

中的介绍一字不差，也说东明寺有建文的遗像。刻印于万历七年（1579）的《万历杭州府志》根本没说建文曾隐居东明寺，而到了万历三十七年（1609）的《万历钱塘县志》，不仅将有关建文帝隐居东明的"俗传"写入东明山条目中，而且说东明寺有其遗像。可见，东明寺供奉建文帝遗像当始自万历年中期，即在 16 世纪末 17 世纪初前后。

果然，湛潜的《东明寺志》告诉我们，东明寺建文的肖像就出现在"隆（庆）、万（历）间"。湛潜特意写了"问道应能老佛"条，认为建文帝是明朝东明寺的第二位高僧，文如下：

老佛，明建文皇帝也。朱姓，御讳允炆，道号应能。……佛尝留小像寺中，与宣庙赐敕并为东明世宝。隆、万间，为魔孽窃去，事觉，护法洪瞻祖、葛寅亮、徐时泰、许惠一、钱受益、吴太冲、刘士鏻、陈殷、赵林翘、唐元竑、方杰、蔡联璧等鸣宪。委杭守石究追，不获。乃肖像奉殿中。[1]

唐元竑、蔡联璧（1588—？，字子谷，号遯庵、黄坡居士）[2]

---

① 《东明寺志》，第 28 页。
② 关于蔡联璧生卒年，大多文献皆言不详，然而，东明寺孤云禅师有一首《寿遯庵老居士六旬》贺寿诗，题记曰："居士生于戊子四月四日寅时，令先君逝世于丙寅年，亦四月四日寅时。"（参见张炳林主编《东明山文化丛书·孤云禅师语录》，上海古籍出版社，2012 年，第 97 页）据此可推知蔡联璧生于 1588 年。

等人都是明末活跃于杭嘉湖地区的著名文人居士。据乾隆《乌程县志·人物》记载，唐元竑(1590—1647)，字远生，又字祈远，乌程(今浙江湖州)人，万历四十年(1612)中举，明亡，绝食殉国。[①]从唐元竑的生卒年判断，可以排除"隆庆年"，"肖像奉殿中"只能发生在万历年中后期，即17世纪初。当然，《东明寺志》称建文道号"应能"，显然有违众多关于建文遁隐的野史资料。如嘉靖年间的《今言》《建文逊国记》和崇祯年间的《逊国正气纪》(国家图书馆藏明末刻本)等，都言建文帝剃发遁迹后的法号为"应文"，而跟随其一起出逃的两位臣子叶希贤、杨应能也剃发成了比丘，分别取法号为"应贤"和"应能"。"吴王教授杨应能，河南杞县人，素以劲直称。壬午六月，京师随陷，与希贤同日祝发从王。相顾言曰：'鞠躬尽瘁，死而后已。'"[②]另外，《东明寺志》

---

① 张忠纲、赵睿才、孙微等编著：《杜集叙录》，齐鲁书社，2008年，第207页。《杜集叙录》对唐元竑的介绍为："万历四十年年二十三举于乡。为人至孝，母病，刲左臂肉以进。及卒，号恸几至灭性。丙子，父以荐举蒙谴，元竑兼程抵都，刺血书陈情，为首揆所阻，难达上听，日跪长安门痛哭，上闻之恻然，从部议戍边。甲申变起，往普静寺哭临。丁亥十月十一日，欲自溺以殉国，为人救免，遂绝食，至十九日卒。著有《易通》《南华三铨》。生平事迹见(乾隆)《乌程县志·人物》。"另据同书卷之六《人物》，唐元竑，字祈远，1644年听闻清兵入关后，当夜便前往盐官剃度出家，后于十月十一日于古山寺绝食绝饮而死。(参见乾隆十一年（1746），罗愫主修《乌程县志》。)
② 四库全书存目丛书编纂委员会编：《四库全书存目丛书》第55册《逊国正气纪》，齐鲁书社，1996年，第280页。

还对野史中建文遁隐的最后结局也表示怀疑，认为已然成为道行高深的老佛建文不太可能在生命的尽头哭求归帝京。

或谓佛回京时，有"野老吞声哭未休"之句，牢落不平，何至暮年犹未释然？夫冤亲平等，驱乌沙弥尚能道之，况蟠蟠法王，久入岊祖之室，又尝以斯道大化斯民，岂漫为痛哭耶？既云"吞声"，顾为诗章，以示中外，岂理也哉？且"吞声"二字，不惟不类法王语，并不类人王语，识者自能辨之。或曰此诗盖当时好事者所作，事或然欤？①

诚然，为求得叶落归根而哭哭啼啼，不仅有损建文作为人君或传说中的高僧的形象，而且也损害了其所皈依的慧昙禅师的形象。《东明寺志》中有关建文帝曾隐居东明寺的记载，其素材大多抄录自崇祯年住山的山茨通际禅师所辑《东明遗录》《东明祖灯录》和《祖庭公案》，不过内中并没有建文隐迹东明的具体细节以及最后的结局。如前所述，崇祯八年（1635）秋，山茨通际禅师代师受请担任东明寺住持，他一方面力图重新修葺已然败落的东明寺殿堂，另一方面还致力于编修东明寺慧昙等先祖的语录，除了住锡当年就编辑刻印了一本《东明遗录》并附山茨通际与唐元竑等人吊唁建文帝和慧昙祖的诗歌以外，在两年后的夏天，山茨通际从友

① 《东明寺志》，第28页。

人处觅得东明第二代海舟普慈和第三代宝峰明瑄的传略，于是又由禾城（嘉兴）居士严大参赞助刻出《东明祖灯录》。[①] 崇祯十年（1637）十二月，浙江布政司委托地方监税官清理勘察东明寺，确认寺院场界，以此为机，山茨通际在离开东明山前又刻印了《祖庭公案》，印版十四块，二十七页。[②]

《东明遗录》收录了当时题咏在东明寺廊壁上的吊唁建文遗像的诗词。序曰：

> 昔建文君自逊国后亦匿隐此中，遗像存焉。往往名士禅衲吊旧君、礼祖塔，题咏满两廊壁间，于是录出，并所得昆祖语，用付梓行，以表祖庭初辟，知达磨直指之道，代不乏人也。[③]

在所附诗中，既有礼建文遗像的，也有礼慧昆祖塔的，混杂在一起，很容易让人搞混东明寺开法之祖究竟是建文还是慧昆，又抑或两者是同一人。其中更诡异的是，内中的文字描述，建文像与慧昆像如出一辙。慧昆的《自题像赞》曰："顶领无发，项下有须。这般模样，堪作画图？咦！坐断孤峰三十载，虚名流落满江湖。平生懒散无规矩，一住茅庵

---

① 《山茨禅师语录》，第 377 页。
② 《东明寺志》，第 118 页。
③ 《山茨禅师语录》，第 105 页。

三十年。白日打眠空过了，传他又费画功夫。"① 由此可见，这幅慧昙曾自题过的画像，大约画于慧昙入东明山后30年，即宣德己未年（1439）他出山赴杭城为净慈大殿重建募捐事件之前后。后来不见有文字记载该画像去向如何，而据称在隆、万年间失窃的建文小像，因告官府追踪无果，由唐元竑、蔡联璧等居士信徒重塑了肖像供奉在东明寺大殿中，唐元竑《礼建文君遗像六绝句》前的引子如此描述建文像："像，圆顶修髯，衮龙服南向坐，面作重枣色，堂堂然。盖逊国后，曾潜住此中也。……"真不知唐元竑等人是以什么为范本塑造了这座建文像的，但圆顶蓄胡子似乎是慧昙像与建文像的共同特点。

无独有偶，《南屏净慈寺志》也记载了寺中供奉有建文像并说明了缘由。净慈寺内有普照房，原名藕花居，是净慈寺洪武年间高僧祖芳道联为朝廷纂修大典后还山归老的宅院，其圆寂后灵塔也在藕花居之阴，"内有香世界、慧日轩、建文遗像"②。1615年的端午节，毕懋康访净慈寺，看到有一僧人塑像有髯，便问身边寺僧其为何人，答曰："此建文君像也。是时，君依祖芳联师，匿迹于此六年矣。"联想到有传言"谓君髯不可剃，剃则刀卷，其口其顶有五岳骨"，

---

① 《南屏净慈寺志》，第108—109页。
② 同上，第64页。

于是，毕懋康仔细端详了塑像，说："果有五骨隆起。"①
不过，正如毕懋康质疑慧昙就是建文帝的传说一样，笔者依
据祖芳道联的生平事迹，完全可以否定建文帝依止祖芳道联
并匿迹净慈寺六年的可能性。曾为慧昙禅师撰写过塔铭的胡
濙也为祖芳道联写过塔铭，该塔铭依照祖芳嗣法弟子、净慈
寺第八十八代住持庵宗静的具体介绍撰写而成。祖芳道联
在永乐年间的行迹如下：

> 永乐四年丙戌，朝廷纂修大典，征师为释教总裁；以其
> 博学通经典，纂辑有方，深沐恩宠。事毕还山，筑室于寺左
> 山麓西湖之滨，名藕花居，以为终焉之计。五年丁亥，寺
> 之僧徒擅自披薙，逮及住持例谪五台；礼部尚书赵羾，以师
> 名闻奏，驿召至京上，加慰劳顾问，至再奏称旨，敕住五台
> 大祐国寺。未及升，忽语左右曰："吾世缘殆尽！"后三日
> 沐浴更衣，跏趺而化。事闻于上，惊愕嗟悼，敕工部备龛，
> 命僧录司阇维。其徒奉灵骨归瘗之阴而建塔焉。师生于至元
> 丙戌六月二十八日，示寂于大明永乐己丑七月初三日，世寿
> 六十四，僧腊五十。②

---

① 《南屏净慈寺志》，第 268—269 页。
② 释明学主编、罗伯仟编纂：《湖州道场山志》，湖州市佛教
协会内刊，2003 年，第 199—200 页。

此段文字再次证明了明朝洪武、永乐年间对于剃度僧人的严格规范，净慈寺僧徒因擅自剃发而累及住持祖芳道联被谪五台山；同时也说明，建文帝既无可能在净慈寺师从祖芳道联隐迹六年，更不可能遁隐于东明慧昺身旁，因为自永乐四年起除短时间归居净慈寺藕花居外，祖芳道联基本生活在南京和山西五台山，而那时，慧昺禅师在天目山结千日期和昭庆寺受戒，还未曾上古道山建东明道场，所以，将东明慧昺与建文帝混为一人更是无稽之谈。相对于《东明寺志》和《净慈寺志》，《逊国正气纪》等建文传记则稍严谨一些，似乎没有这方面的逻辑漏洞。《逊国正气纪》曰："（永乐二年八月）师匿迹杭之净慈寺，依高僧联师。俟众至，偕游湖山诸胜。联师，十高僧之一也。师出像遗之。秃而髯，头骨磈然，曰髯不可剃，剃则刃卷其口。至今传之。"①《建文逊国之际月表》则明确说建文在杭州只有23天，"师匿迹净慈寺，依高僧联师。师与贤能等同游西湖，凡留二十有三日"②。然后游历了浦江、天台等地后就转道去了四川、云南等地。至于建文过东明寺并留其像那是28年以后的事了，"壬子春正月，师入楚，至公安，同二道士宿寺中……九月，至吴山。冬十月，寓钱塘东明寺，留其像。十一月，游天台，留赤城

---

① 《逊国正气纪》，第274页。
② 二十五史刊行委员会编：《二十五史补编》，开明书店，1936年，第8552页。

观"①。言下之意，是建文帝自己于1432年冬留宿东明寺时将画像留下作了纪念。②这一年，建文逊国正好30年，而慧昙禅师的《自题像赞》有句："坐断孤峰三十载，虚名流落满江湖"；"一住茅庵三十年"。慧昙与建文画像的相似以及"三十年"这个数字的一致，难道仅仅是巧合吗？会不会是文人墨客们正好利用其加以穿凿附会呢？而1408年慧昙入古道山与1402年建文逊国的6年之差数，也许就是讹传建文隐居净慈寺和东明寺6年以及"慧昙即建文帝"之说的依据。

在东明寺山门下，原有静室一所，传闻就是建文帝隐迹潜修之地，到了崇祯十年（1637）监税官清理东明寺山址时，这所静室已经被普通山民占为牲畜圈牢，脏乱的氛围与佛寺建筑风貌相去甚远。《祖庭公案》曰："今堪得山门下静室一所，旧有梁上原书'嘉靖七年东明寺比丘明贵建立'。建主潜修遗迹，后为普定牲畜牢，荤秽作贱。"③嘉靖七年为

---

① 《逊国正气纪》，第277页。

② 清初刘廷銮所撰《建文逊国之际月表》，虽然对建文遗像究竟存于何处提出过怀疑，"建文遗像，《表忠记》谓在净慈寺，《武林梵刹志》谓在东明寺，未知孰是"。但对于建文留画像于东明寺的时间与细节，则与《逊国正气纪》有大同小异的记述，载宣德七年壬子，"九月，（建文）师复游吴山。冬十月，（建文）寓钱塘东明寺之厢，自留图像于其间，存髯去发，岳骨隆于顶中"。（《二十五史补编》，第8535、8563页）

③ 《东明寺志》，第119页。据清《钱塘县志》记载，同是嘉靖年间，位于杭州黄龙洞前的护国仁王寺也由一位名为明贵的

1528 年，无怪乎半个世纪后的田艺蘅对于已然被变为猪牛圈的东明静室描述曰："相传建文皇帝为僧，曾居此寺。旧传厕制如楼，与人家颇异。"而不忍堵现状的监税官在驱逐牲畜，清理静室后，一度还原了静室旧貌，"既逐，绅民捐资，仍供君像，以表臣子草莽之忠"。1640 年，孤云禅师住锡东明寺，"复募众金，买静室并基地一所，供三宝及建君遗像，以完前人未了之愿。后被风雨倾危，至戊戌（1658）冬重建"①。

正是由于东明寺僧与护法们这样热心地对建文遁隐东明故事的不断完善，从而更加引来了各地香客文人的顶礼膜拜。1652 年，温州瑞安籍僧人法幢行帜 (1593—1667) 六十岁时云游径山寺，特意过东明寺礼诸祖塔及建文像，并次《状建文皇帝像》诗韵留诗曰：

> 犹记云游数十秋，东明六载更埋头。
>
> 已躬实事如山重，天下虚名付水流。
>
> 拄杖抛开日月担，蒲团坐破古今愁。
>
> 独留遗像兼宸翰，未返燕台早大休。②

僧人重建，曰："嘉靖间，僧明贵重修。"（浙江省地方志编纂委员会编，（清雍正朝）《浙江通志》12，中华书局，2001 年，第 6341 页）未知与重建东明静室的"比丘明贵"是否是同一人。
① 《东明寺志》，第 120 页。
② 陈光熙：《明清之际温州史料集》，上海社会科学院出版社，2005 年，第 200 页。

这首诗的韵次显然源自仁和县进士沈捷的《拜建文皇帝像》，沈捷曾于丙戌年（1646）夏日拜访住山的孤云禅师，其诗曰：

> 迁移神鼎已惊秋，莫怨当年雪满头。
> 物外尘埃清古殿，江边烽火照横流。
> 自教龙像成雄主，不遣须眉换细愁。
> 千载俘臣同息影，徘徊芳迹未能休。[①]

1646年，清兵早已入关占领了明朝大部分疆域，诗中所谓"迁移神鼎"指的就是明清的朝代鼎革，所以也无需再怨当年的建文逊国了。此时的明朝遗老有投降清廷的，有逃禅进入寺院清修的，也有跟着南明小朝廷继续反清复明最终还是息鼓归隐的。法幢行帜就是属于后一类人，他俗名林增志，崇祯元年（1628）进士，任职翰林院时与黄端伯等居士常有交往，李自成攻入北京，南归，后为南明隆武朝起用为文渊阁大学士，于1646年隆武帝死难后在沙县吕峰山剃度出家，行脚雁荡、雪窦、径山、普陀十年后，返回东瓯，康熙六年（1667）八月圆寂于永嘉密印寺。[②]此时这些明朝遗老吊祭

---

① 《东明寺志》，第 101 页。
② 薛冬、程东：《普陀山》，燕山出版社，1993 年，第 180 页。《明清之际温州史料集》，第 9 页。

建文，其情感除了心怀建文帝以外，更多的是寄托对于明朝
灭亡的哀思。

明末清初藏书家孙琼曾写下《大遮山东明寺观牡丹花》
诗，其诗云：

> 寺为明建文遁迹地，客有进花一枝者，插地遂活，今犹
> 繁盛云。
>
> 读史至建文，太息难终卷。天子披袈裟，亘古未尝见。
> 吴楚滇蜀间，山川游历遍。怀哉大遮山，春日曾依恋。
> 野客献名花，水瓶供清宴。残枝偶插地，根长知天眷。
> 至今三百年，红芳犹满院。我来为寻花，兼访无尘殿。
> 殿中遗像存，感慨还欣羡。家国有衰兴，香火无更变。
> 回忆寿王亭，老泪花飞溅。[①]

崇祯皇帝就是吊死在煤山寿王亭前的一棵树上的，从而
宣告了明朝的基本终结。

至于东明寺建文像，除了《东明寺志》所言被盗和重塑
的故事版本以外，还有另外一个叙述的版本。那就是大约完
稿于 1653 年的明末清初史学家谈迁（1593—1657，字孺木）
的《枣林杂俎》，内中记述："钱塘县□□□大遮山东明寺，

---

① （清）阮元、杨秉初辑：《两浙辅轩录》，浙江古籍出版社，
2012 年，第 378—379 页。

帝尝隐此,有遗影,云帝自写。今塑其像,髭髯面紫。其遗影,今一绅购去。"①原画像并非被盗,而是被一士绅买了去收藏,最后不知所踪。

此后,建文遁隐东明的故事愈加完善,至清康熙年初(约1662年前后),杭州人陆次云辑成《湖壖杂记》,将东明寺名称来历与建文帝相关联,编写出了一个完整的故事。全文如下:

安溪有东明寺,建文皇帝遁迹处也。其至此地时,旭日始旦,故于寺额题曰东明。寺去邑四十里,可以潜伏,以龙混蠖,莫或识之。自归国后,方知为帝,故今范其遗像,僧服而衮龙,香灯昕夕,供以伊蒲,犹弗替也。寺有牡丹一本,乃帝手植。花皆千萼,色白如银,分其种他处,即不荣矣,越三百年如故。是老佛之灵尚在,而成祖之遗踪已作冷风荡尽。怀古者至此,能无兴感也哉!②

嘉庆年间有位举人陈文述(1771—1843)读到以上这段

①《笔记小说大观》(第32册),江苏广陵古籍刻印社,1983年,第15页。
②《西湖文献集成》(第8册),杭州出版社,2004年,第47页。清康熙五十七年(1718),魏嵋(字云岑)任钱塘县令时修《钱塘县志》,亦云:"东明山,一名古道山……有东明寺,藏明文皇遗像。"(见《康熙钱塘志·嘉庆钱塘县志补》,上海书店出版社,1993年,第73页)

文字后，专程赴东明寺吊祭建文帝，有感赋诗一首，题曰《东明寺吊建文帝》：

> 晓色依然丽绛霞，溪流曾记浣袈裟。
>
> 残山剩水悲家国，细柳新蒲感岁华。
>
> 沧海龙归云北向，丹山凤去月西斜。
>
> 精蓝便抵燕山墓，留得君王手种花。①

兴感如此，建文帝逊迹东明山之传说焉能不成真？

道光二十七年（1847）进士、广西贺县人张培仁所撰《妙香室丛话》中，还记录了一则发生在东明寺的反清复明的故事，题为《东明寺异人》，也与建文遗像有关。说是在顺治丙戌年（1646）某月某日，钱塘大遮山东明寺来了22名反清斗士，"遍视佛像，不拜，见建文像则拜而下泣"②。此后，此22人穿上甲胄往湖州去杀清军，共杀了500多人，自身

---

① （清）丁丙：《武林掌故丛编（八）》，京华书局，1967年，第4536页。根据陈文述《西泠怀古集》相关诗引，除了净慈寺、东明寺有建文遗像外，介于紫阳山与云居山间的道观三茅观侧楼三仙阁也是建文曾经遁隐之地。其《三仙阁怀张三丰》诗引曰："明文皇访张三丰，相传隐迹于此。内雕三像，一坐一立一卧。林璐曰：'尚有文皇御札存阁中。'阁在三茅观侧。"见（清）丁丙：《武林掌故丛编（八）》，京华书局，1967年，第4538页。
② （清）丁丙：《三塘渔唱卷（下）》，《丛书集成续编》第53册，上海书店出版社，1994年，第746页。

却是毫发无损。然而，他们还是觉得再怎么多杀清军也是无济于事，便全部投湖自尽。①看来，建文帝在天之灵即便能保佑这22位斗士，但也保佑不了大明的江山社稷。正如咸丰庚申年（1860）进士、湖南人黄道让（1814—1868）的诗云："八方风雨九龙寒，已无大力当飞燕。"②

话虽如此，但建文帝遁隐东明的故事却是编造越来越丰满。《申报》1931年8月6日发表了一篇署名为斅厂③的文章，题为《明惠帝与杭县大遮山》。作者称大遮山距离其家仅十二里，他曾两度前往游览东明寺和山顶道观清真院，考得建文帝为僧、程济为道隐居大遮山的野史故事。其文曰："建文靖难后，由廷臣程济陪同潜密道出亡，经独松关来到大遮山，建文挂锡东明寺，程济烧丹清真院，每遇朔望，君臣二人会于东明寺与清真院之间的一块丈方巨石之上，此石

① 天台野叟：《大清见闻录·艺苑志异》，中州古籍出版社，2000年，第511页。"东明寺异人"的故事有许多版本，内容大同小异，据笔者所考，故事最原始来源还是东明寺僧，最早形成文字乃清人查慎行所撰《人海记》。
② 黄宏荃《湘西两黄诗 黄道让黄右昌诗合集》，岳麓书社，1988年，第168页。黄道让《东明寺相传为建文逊国处》全诗："金川血涌去朝端，出隧方知天地宽。万里河山孤钵在，八方风雨九龙寒。已无大力当飞燕，尚有闲情种牡丹。座上头陀真面目，当年曾费老监看。"
③ 1930年前后，该作者多以方斅厂之名投稿《申报》，发表一些杭县瓶窑镇附近趣闻，可能为瓶窑人士。作者称东明寺建于元代至元年中期，此为东明寺创寺之新说，不知其依据出自何处。

因名君臣石，山上至今有桃子，颇为鲜美，据传为程济当年
所植，其种递传之今，故名程济桃。"又云："今清真院侧
殿中，供有程济偶像，作纯阳装。而东明寺后殿之另一室中，
塑有一僧像，年约三十许，身披袈裟，手执佛珠，低眉趺坐。
闻此像即当年位尊九五之明代建文帝也。"文末，作者结句
曰"上述之遗迹，为予所目睹云"，可谓言之凿凿。

然而，十年后，被当地乡里传为美谈的建文塑像连同东
明寺院终于也难逃辘轳劫，被毁于日本侵略者的烧杀中。据
当代余杭文化名人姚今霆（1913—1999）在其《建文帝与东
明寺》一文中采访记述：民国时期，东明寺"大雄宝殿内除
供奉三世如来、观音菩萨和十八罗汉，在右侧还立有建文帝
的塑像，剃光头，着僧衣，俨若一个和尚。在神龛两侧后人
给他悬有一副对联，联文是：叔负侄，侄不负叔；僧为帝，
帝亦为僧。"1940年9月1日，为了追杀国民党杭县自卫大队，
"日本鬼子拼力爬了一趟山，乃至冲进东明寺，却不过几座
空房子，找不到一个游击队员，他（们）没处出气，就在东
明寺里放起火来，还杀死了几个和尚和老百姓。这么多房子
一天烧不完，第二天再来烧。就这样，偌大的一个东明寺被
烧得只剩下3间偏房"①。

---

① 中国人民政治协商会议浙江省余杭县委员会文史资料委员会
　编：《余杭文史资料》第5辑《余杭风物》（内刊），1989年，
　第179—181页。

从此，东明寺没有了建文像。而由于众所周知的原因，净慈寺的普照院藕花居也连同建文像早已不见了踪影。近年来，那里倒是有一家"藕香居"餐馆生意甚是红火，人们似乎也懒得去追究其前尘往事了。不过，有一件事笔者觉得有必要提一下，那就是最早记叙东明寺和尚画像的一段趣闻，被写于正德十一年（1516）所编德清新市镇镇志（写本）卷四之方术栏目中，其文如下：

> 东明和尚，失其名，本余杭县东明寺僧也。去发留髭，貌类胡僧。行脚所至，辄自图其像，留俾供养。天顺中，至觉海寺挂塔子，得于寺之老僧，言其颇能前知，每善信者来设斋，辄预言之。后不知所往，今其遗像尚存寺云。[①]

从天顺（1457—1464）这个年号判断，此东明和尚显然不会是慧昙禅师，也不会是传说中的建文皇帝。因为此时慧昙早已圆寂，传说中遁隐的建文也早已归京师终老。那么，与慧昙和建文画像有极大相似性的"去发留髭"的自画像，

① 陈霆：《仙潭志》。陈霆（约1477—1550），字声伯，号水南。据其为《仙潭志》所写序言落款可知，该新市镇志编成于正德十一年（1516）八月，写序于十一月。其时，他已从"赐进士出身奉议大夫、山西提学金事、刑科给事中"等任上退休回老家德清新市镇。新市镇因民间传说"潭为仙所隐"而得俗名仙潭镇，为留传说之雅趣，作者命名镇志曰《仙潭志》。

究竟是出自慧昙的哪位弟子之手呢？他行脚每到一处都要留下自画像的行为，对建文帝遁隐东明寺的故事起到了怎样的推波助澜的作用呢？依然是一桩无头公案。

第四章　外来的和尚会念经

历史上巧合的事情很多，但依佛家的说法，亦不足为奇，都是因缘和合罢了。东明寺自慧旵禅师开法后，道风远播四方，信徒请益接踵，"虽耆年宿衲，亦争趋座下"，其中还先后来了两个名号皆为海舟慈的禅师，一曰海舟永慈，一曰海舟普慈。这两位海舟禅师又都深得慧旵赏识，嘱法付偈，佛教禅宗史上因而生出究竟哪位传承了慧旵禅师衣钵的争论，至今仍是一段了不清的公案。

明代较早为慧旵禅师嗣法弟子写传的大约是唵�大香禅师（1582—1636），在其所撰《云外录》①之《杭州东明虚白禅师传》中曰："（慧旵禅师）弟子仅百人，传戒请益者数万余，得契祖意，乃海舟慈，秣陵人。"② 此外，还详细写了《古道月江净禅师传》，言月江净禅师"乃古杭东明寺旵公得法弟子也"。③ 由此可见，在大香的笔下，慧旵禅师

①《云外录》为大香禅师所撰，明季德清夏元彬初刊于崇祯年间，清顺治己亥年（1659）有修补本，由曾住锡东明寺的愚山藏禅师募捐重刻。
②（明）大香：《禅门逸书（初编）》第8册，台北明文书局，1981年，第77页。
③ 同上，第78页。

的嗣法弟子为海舟永慈和月江觉净，之所以未为永慈列传，显然是缺乏可依据的史料，以至于将永慈住锡的南京误判成了其祖籍，言其为"秣陵人"。同样，于大香禅师圆寂前一年住锡东明山的山茨通际禅师也遇到了资料缺乏的困难，难以完成其师父交代的考实"东明、海舟、宝峰诸祖出处"的任务。后经多方打听，通际禅师终于在丁丑（1637）仲夏由好友古竹客吴门提供帮助，获得紫柏老人所纂《佛祖源流》的残卷，内有海舟普慈、宝峰明瑄禅师传略，言此二人相继继席东明寺，于是便将其抄录刻印，名曰《东明祖灯录》。①

关于海舟普慈禅师，除了山茨通际禅师刻印了其传略以外，后来的《五灯全书》《邓尉山圣恩寺志》《续灯正统》《五灯会元续略》《五灯严统》《续指月录》等佛教书籍均载有其传，内容大同小异。普慈（1354—1450），号海舟，俗姓钱，苏州常熟人。普慈禅师世宗儒业，出家于破山，读《楞严经》有疑不解，苦思而得病，得高人指点，到邓尉山求教于临济宗第二十一世传人万峰时蔚和尚而得悟，被万峰和尚聘为首座并付以法偈，曰："龟毛付嘱与儿孙，兔角拈来要问津。一喝耳聋三日去，个中消息许谁亲。"而后，万峰和尚又告诫普慈说："子当匿迹护持，莫轻为人师范。"普慈自以为得，便前往太湖的西洞庭山结庐修禅达29年。以此而言，普慈乃东明寺慧昺禅师之师伯，他与慧昺的付法师父

① 《山茨禅师语录》，第 117 页。

邓尉普持禅师都是万峰和尚门下的嗣法弟子，与普寿、普福、普坚、普隐、普华、普荣等禅师同为"普"字辈同参。不过，他虽然得法于万峰和尚，自己也在洞庭山坞苦修了近30年，然而始终不得彻悟。正统六年（1441），有一僧人自安溪东明来，告知东明寺方丈虚白慧昙亲承万峰禅祖，说法易解，学徒云集，于是普慈便过太湖往叩，旬日而大悟。此年，普慈已87岁高龄，比慧昙大18岁，论辈分乃慧昙的师伯，所以初见时不免倚老卖老，摆起架子。普慈到东明寺当日，刚好有人设斋，便问慧昙："今日斋是什么滋味？"慧昙答："到口方知，说即远矣。"普慈又问："如何是到口味？"慧昙即打灭灯曰："识得灯光何处着落，味即到口。"普慈于是哑口无言。第二天，慧昙遣侍者请普慈到方丈室再晤，问普慈："曾见人否？"普慈笑答："见。只见一人，说出恐惊人。"慧昙从容道："假使亲见释迦，依然是个俗汉。但说何妨？"普慈便不无得意地报出了自己师父的名号："万峰"。慧昙不卑不亢，说："为叙先后耶？为佛法耶？若叙先后，万峰会下有千人；若论佛法，老阇黎佛法未梦见在，何惊之有？若亲见万峰，万峰即今在什么处？"普慈惘然。慧昙进一步问："那么，则何曾见万峰？"普慈默然归寮，三昼夜寝食俱忘，偶然见琉璃灯坠地，忽然大悟。于是，又来到慧昙处告知彻悟缘由，慧昙即问："老阇黎亲嗣万峰去？"普慈答："和尚为我打彻，岂得承嗣万峰？"慧昙乃笑，遂集众僧，出关升座，付法予普慈，曰："瞿昙有意向谁传，迦叶无端展笑颜。到此岂容七佛长，文殊面赤也徒然。今朝好笑东明事，千古令人费唾涎。幸得海公忘我我，济宗一派续绵绵。"随后，慧昙掷下拄杖说："千斤担子全分付，玄要如今拄杖谈。"下座后，普慈跟随慧昙进方丈室礼拜。慧昙说："老僧不出月去也。"果然，慧昙于六月二十七日辞众，二十九日结跏趺座圆寂。此后，普慈虽然欲归洞庭山坞遁隐，然而抵不过众僧的坚请苦留而继席东明，直至终老。

如此，海舟普慈实际上有了万峰与慧昙两位付法师父，对于这两位师父，他有非常不同的感恩之情。山茨通际的《东明第二代海舟慈祖传略》记述如下：

万峰忌日，师拈香指真曰："我几淹杀你瓮里，幸是普慈，若是别人不可救也。蓺此瓣香，堪酬接引。"喝一喝云："只笑你护短没头师，佛法当人情。"展坐具礼拜。又拈香云："此一瓣香，供养东明长老一片赤心，鞭策令余洞达宗源。"连喝两喝云："一言岂尽普慈心，千古儿孙赞报恩。"又拈香云："此瓣香供养昔日师僧指南之力，若不蒙师，何繇今日？他日到来拄杖三十吃有分，堪报不报之恩。"喝一喝云："受恩深处便为家，有乳方知是阿娘。"礼拜起。[1]

---

[1]《山茨禅师语录》，第 115 页。

一方面，普慈感谢万峰禅师对他的接引之恩，但也责怪万峰禅师对他要求过于宽松，还没等他彻悟，便付法给了他，实际上等于是害了他。幸亏后来他自己到东明山再拜慧昺禅师为师，由慧昺禅师鞭策指南，才真正通达宗源。两相比较，慧昺禅师才堪称他真正的付法师父。景泰元年（1450）某日，普慈打坐示寂，说偈曰："九十六年于世，七十四载为僧。中间多少涌讹，一见东明消殒。"普慈遗体被东明僧众建全身塔葬于东明寺左侧。其俗家弟子沈贯居士为其所著《海舟普慈禅师拈古颂古》一书写序时，简要说明了普慈先嗣法万峰后再嗣慧昺的经历后评价说："海舟嗣昺公一事，自佛至今，无有其人。人我四相些微未尽者，不能为之，师诚古佛再现人间也。"①

然而，对于万峰时蔚、东明慧昺、海舟普慈以及居士沈贯之师承关系，曾因帮助师弟山茨通际重振东明祖庭而同住东明山一年的筹庵通问禅师（1604—1655）却有着另外一番

---

① （清）聂先：《续指月录》，巴蜀书社，2005 年，第 307 页。关于海舟普慈的文才，大约是得到了时人的肯定的，所以，钱谦益《列朝诗选》也有他的简传，言"有《颂古诗》行世"，并收录了他的六首古诗。（参见绛云楼原本钱谦益《列朝诗选》五十二，第 56 页）不过，禅宗所谓"拈古颂古"，大约是引用古诗文参公案，参话头，以解佛法，所以这六首古诗并不一定是海舟普慈原作，例如第一首"泪满罗衣酒满卮，一声歌断怨伤离。如今两地心中事，直是瞿昙也不知"，就引自唐人顾甄远《惆怅诗九首》之第八首。

叙述。箬庵通问在其所著《续灯存稿》中言，万峰蔚禅师法嗣有邓尉普持禅师、九峰胜学禅师、海舟慈禅师和果林首座四位；邓尉普照持禅师法嗣为东明慧旵禅师；东明慧旵禅师法嗣有金陵永慈禅师和月江觉净禅师。不过，对于万峰法嗣海舟慈禅师除了简单的几句海舟与沈贯居士间关于《圆觉经》的对话以外[①]，箬庵通问并没有详细传述海舟普慈，而对海舟永慈则作为东明旵禅师法嗣排列在"大鉴下第二十八世"，写了其生平简历和悟道因缘。其后问世的《五灯全书》《续指月录》《锦江禅灯》《南宋元明禅林僧宝传》等佛家古籍同样都载有大同小异的海舟永慈传。

永慈（1394—1461 或 1466），号海舟，俗姓余，四川成都人。永慈幼年丧母，生性慈善，早知人世之艰辛，在弱冠之年便投四川彭县大隋山景德寺出家，拜独照月法师为师。1413 年，独照月法师圆寂，永慈为报师恩，在西山庵伴师塔隐居 8 年，然后历访太初原禅师、无际禅师和雪峰禅师。1427 年，永慈拜谒南京灵谷寺雪峰禅师，得其赏识，被聘为首座，短暂停留后，他又慕名来到了安溪古道山东明寺拜访慧旵禅师。就在东明寺，永慈因与慧旵禅师禅机交锋，深

---

① 海舟慈与沈贯间的对话如下："居士沈贯问：'修多罗教如标月指，若复见月，了知所标毕竟非月，此理如何？'师举手曰：'指耶？月耶？'士罔措。师拍案一下，士释然有省。"（见《续藏经》第 145 册《续灯存稿》，新文丰出版公司，1995 年，第 208 页）"修多罗"乃梵文或巴利文的音译，泛指佛法。

获好评而名扬丛林。《五灯全书》卷五十九如是记载：

> （永慈）问："无相福田衣，何人合得披？" 昰便掌，
> 师曰："四大本空，五蕴非有，作么生掌？"明又掌，师曰：
> "一掌不作一掌用，又如何？" 昰复掌，师神色不变曰：
> "老和尚名不虚传。"遂展具三拜而立。昰曰："我居古道
> 山三十载，今日只见得这僧，大众弗得轻慢。"自此，声誉
> 丛席。①

慧昰禅师当时即有意授衣付法给永慈，因永慈禅师谦让
而作罢。而永慈在东明寺留住也就十来天，便又前往金陵牛
首山等地寺院挂单云游。1437年，永慈在天界寺憩隐山居时，
南京守备内官太监袁诚（法名智海）鉴于南京东山上原有古
刹净名寺基址，于是发愿重新修盖，并请永慈禅师前往弘法。
1445年，袁诚为此寺院乞请皇帝题赐寺额，当年六月初十日，
圣旨礼部赐下"翼善禅寺"匾额，并发给永慈禅师札付，正
式出任翼善禅寺住持。②

作为御赐寺额的寺院方丈，必出身名门。永慈礼访东明
寺时虽婉拒了慧昰禅师的付法，然而慧昰禅师并没有忘记这

① 《续藏经》第 141 册《五灯全书》卷五十九，第 263 页。
② 参见明礼部侍郎陈琏所撰《翼善寺碑记略》，文见于（明）
葛寅亮：《金陵梵刹志》，天津人民出版社，2007 年，第 250 页。

位上山便问何人堪披"福田衣"的永慈禅师，据《五灯全书》记载："庚申夏，东明专僧送衣、拂至"，并付偈曰："分付慈海舟，访我我无酬。明年之明日，西风笑点头。"[①]第二年，慧昙禅师果然如期圆寂。对此，《锦江禅灯》《续指月录》的叙述与《五灯全书》稍有差异，曰："正统五年六月二十八日，东明示寂，遗嘱白庵住持曰：'吾有衣、法二物，送至金陵东山海舟和尚。'嘱曰：'字付慈海舟，访我我无酬。明年之明日，西风笑点头。'至来年期日示寂。白庵长老不违遗嘱，请首座法广，于景泰二年八月二十三日，持衣赍至东山，师升座祝香而受。"[②]对于永慈正式接受慧昙禅师法衣的时间，虽然《五灯全书》与《锦江禅灯》《续指月录》的记录不合，但记载慧昙禅师于1440年夏付法于海舟永慈的时间是一致的，只有取得了临济宗的嫡嗣弟子身份，永慈也才有可能成为敕赐翼善禅寺的方丈。

明朝前期，由于朱元璋自己是和尚出身，深知宗教的号召力对于朝廷统治的威胁，所以，其对于释道的管制是非常严格的。前文所述，洪武、永乐、宣德年间，朝廷不仅对方外人士的游走有极为严格的限制，而且对僧道人员配额也限定在"府不过四十人，州不过三十人，县不过二十人"而已。

---

① 《续藏经》第141册《五灯全书》卷五十九，第263页。
② （清）丈雪通醉：《锦江禅灯》，《禅宗全书》史传部二八，第563页。

据此，我们就不难明白，慧旵禅师到安溪古道山后，为何要占用山上原有"深隐庵"的旧额建立东明寺，而太监袁诚则要以南京东山原有古刹寺院基址的理由重建翼善禅寺，并请永慈禅师开法担任住持。在当时，一座得到朝廷认可的寺院是"紧缺资源"，而且寺院中官方核定的僧人名额也非常有限，于是乎曾被宣德皇帝赐额，并且由临济正宗第二十三世传人慧旵禅师住持的东明寺便成了僧众们向往依附的地方。就在1440年慧旵禅师付法海舟永慈禅师之后不久，东明寺又来了一位海舟慈禅师，就是前文所述的海舟普慈。

也许是普慈禅师年事太高，抑或他原本已曾受法于万峰和尚，论辈分，应该是慧旵禅师的叔伯辈，所以他的继席东明一事在当时如此严格的僧道登记制度下，实际上并未得到朝廷认可。礼部尚书兼国子祭酒胡濙于己巳年（1449）七月十五日为慧旵禅师撰写的《东明寺虚白慧旵禅师塔铭》中，除了"虽耆年宿衲，亦争趋座下"这一句可能暗示了年届耄耋的普慈曾拜师慧旵门下以外，胡濙只字未提普慈继席东明之事，倒是写明是东明寺住持觉明禅师委托他写了该塔铭，在塔碑立石落款的东明寺众名录中也未见普慈的名号。至于慧旵圆寂之前付偈之事，《塔铭》如此说："辛酉六月廿有七日，命斋僧众。众知师意不久住世，请师留偈。师曰：'一大藏教，无人看着，争用得遮几句闲言语？'至二十九日辰时间，辞众跏趺而逝。"[1] 也就是说，慧昙临终前并没有交待东明寺由谁来继任住持，也没有向谁付法付偈，反而是留下了一句貌似牢骚的话，认为东明寺后继乏人，大家也用不着争得付法付偈。没多久，东明寺便毁于一场大火，编印于1475年的《成化杭州府志》如此说："正统辛酉，昙示寂，胡尚书濙为撰《塔铭》。未几，寺燬。嗣僧觉明重建。"[2] 由此可见，当时政府认可的东明寺继席方丈既非金陵东山翼善寺的海舟永慈，亦非年近九旬高龄的海舟普慈，而是白庵觉明。白庵觉明虽然没能得到慧昙的赏识付法付偈，然而，他不仅料理了师父的后事，令寺僧智宗、智鉴通过杭州南天竺寺住持临川妙侃禅师恳请礼部尚书为其撰写了《塔铭》，而且在东明寺不幸烧毁后，作为"嗣僧"，主持重建了东明禅寺。

如前所述，事实上，慧昙早在1440年就付法给了海舟永慈，然而《锦江禅灯》等书却记载，直到1451年白庵觉明才派人将象征嗣法的法衣送至金陵翼善寺交给海舟永慈。笔者推测，其原因可能是因为慧昙圆寂后，海舟普慈还健在，并实际掌管着东明寺，也许他确实也已经私下得到慧昙付法，但由于年事太高而未获政府批准，为顾及他的面子，白庵觉明也就不便立即将师父的法衣送往金陵，一直等到1450年普慈圆寂之后第二年，才遵师嘱遣人将法衣送给了海舟永慈。

---

① 《明版嘉兴大藏经》第四十册，第496页。
② 《成化杭州府志》（三十二），第4页。

尽管此时的白庵觉明，实际上已经嗣继了东明寺的住持职位，也得到了政府的认可，但师父终究先是将衣钵许诺给了海舟永慈，而后又将照料东明寺的"千斤担子"托付给了海舟普慈，正所谓师命难违啊。无论是海舟永慈，还是海舟普慈，他们都是慕名上东明山，客居短短的"旬日"后便受到了慧旵的赏识，被付法付偈，而老实忠厚的白庵觉明却没有如此幸运，这也印证了一句俗语，"外来的和尚好念经"，或曰"外来的和尚会念经"。

原本海舟永慈嗣法慧旵禅师之事，有金陵翼善寺《海舟慈行实碑》为证，又有礼部关于敕赐寺额以及颁发给永慈札付的记录旁证；而海舟普慈先嗣法万峰和尚，然后又再重新嗣法慧旵之事，有其当世弟子沈贯为《拈颂》写序时的评语为证，也有胡濙所撰《塔铭》"虽耆年宿衲，亦争趋座下"一句的暗示，理应是一件说得清楚、道得明白的事情。然而，正如箬庵通问的高足理安寺住持天笠珍禅师所言："法道下衰，莫甚于今。诸方斗争，坚固崖岸……其间矫乱传灯，疑误正统，难以枚举。"[①] 于是，在山茨通际于1635年住持东明寺后所编《东明遗录》中，选择了其师父的观点，排除永慈，将普慈视为慧旵的嗣法弟子；而在箬庵通问所编《续灯存稿》中，则将普慈归为万峰和尚的嗣法弟子，将永慈添列于慧旵

————————
① （清）杭世骏：《理安寺志》，杭州出版社，2007年，第157—158页。

禅师门下。他们两位的法侄山晓本晳禅师（1620—1688）则经过实地踏察得出结论："知武林安溪东明寺相距五里，有呫师骨身塔，塔左有法嗣海舟永慈衣钵塔。又金陵翼善寺左山麓，有永慈全身塔，塔旁有法嗣宝峰瑄塔。三师之塔既得，传其疑破矣！东明之下海舟，名永慈，成都余氏子；万峰之海舟，名普慈，常熟钱氏子。各有碑传，如黑白之不相混也。"①《五灯全书》也持此观点，其凡例云："海舟慈祖，是永非普，是二非一。奈彼迷惑缪见，削我二世，岂知慈加普者，嗣万峰，沈贯《铭》中所及者是也。慈加永者，嗣东明，《翼善碑》中符合者是也。其理炳然，更复何辨？"②清人聂先所编《续指月录》则相对客观，按云："（《海舟永慈翼善碑》）康熙元年大咸咸公（？—1677）住东山时，始为刊布四方，一时名衲皆宗之，前人俱未之见焉。其《东明海舟普慈传》，乃悟老人作于崇祯年间，山茨际公住东明时刊行也。不谓翼善一碑，讹互异，不得已而兼存之。所谓余生也晚，前不见古人，后不见来者，惟有多闻阙疑已耳。古今伪碑甚多，世之谱牒造端恒有之，具戒衲子有是事乎？昔之天皇天王，今之永慈普慈，并载为是，知我罪我，我何畏焉！"③

　　与山晓本晳和聂先相比较，《东明寺志》编纂者湛潜则

———————

① 天童寺志编辑委员会编：《新修天童寺》，宗教文化出版社，1997年，第405页。

② 《续藏经》第140册《五灯全书》，第7页。

③ 《续指月录》，第308页。

采取了貌似存疑实则暗示自己观点的办法，在寺志卷上东明寺僧序列中，继"开法东明昰禅师"和"问道应能老佛"之后的"海舟慈禅师"条目下，将海舟永慈和海舟普慈两位禅师的简历和在东明山的悟道因缘都编入了其中，言："今惟并载于后，以备稽考云。"[1] 在卷中则附添了《海舟慈禅师行实碑文》，并写按语说："翼善碑文但载慈祖生缘，而不载慈祖示寂何年、建塔何地；又碑文不曰塔铭，而曰行实；又行实与部札同刻石，其碑不立于塔，而建于寺中，灼知此碑建于慈祖未寂之日无疑矣。于此益知慈祖天顺辛巳而后住持东明，入塔东坞事或然也。"[2] 言下之意，嗣法慧昰禅师的应该是海舟永慈，并在天顺辛巳年（1461）后出任了东明寺住持，东明塔院的海舟塔也许就是永慈的真身塔。[3]

----

[1] 《东明寺志》，第30页。

[2] 同上，第48页。

[3] 关于慧昰的嗣法弟子究竟是永慈还是普慈之事，湛潜其实在《东明寺志·凡例》第五条和第六条写得非常明白了，之所以保留普慈也嗣法东明的说法，无非是为了尊重山茨通际禅师，毕竟他住山并编写《东明祖灯录》在先。《凡例》第五条："本山开法实自昰、慈、瑄三祖，如昰祖塔铭具在，无容疑议。若慈、瑄二祖，寺志向据山茨禅师《祖灯》所载，今考《翼善碑文》《法偈》，全不相符。盖《翼善碑文》《法偈》世世相传，非若《祖灯》展转传阅于人可比，况经平阳弘觉老人之鉴定，事应凭依，但《祖灯》一书传讹已久，今并载于各祖志后，以便后人稽览。"第六条："山茨际禅师住持兹山，遭狮虫横啮之难，席未暖暖而去。然其旁求本山废坠，心力最苦，独惜《祖灯》一书未免仓卒，遗误读者，谅之可也。"（《东明寺志》，第8—9页。）

　　总之，关于嗣法东明慧昰的究竟是海舟永慈还是海舟普慈，大多数佛教史籍总喜欢理出个究竟来。但为什么一定要在海舟永慈和海舟普慈中二选一呢？难道普慈为解佛法不可以先嗣万峰和尚而后又屈尊倒嗣法侄慧昰禅师吗？韩愈《师说》有云："吾师道也，夫庸知其年之先后生于吾乎？是故无贵无贱，无长无少，道之所存，师之所存也。"难道说临济正宗的嫡传只能单传一人吗？非也。在我看来，重建了东明寺的"嗣僧"白庵觉明禅师实际上也应被列为临济正宗第二十四世。南怀瑾先生说得好："古禅师语录，遗留传刻者，类皆精心之作，而有清高隐逸之流，毕生无语传世，寂寞山林，默然缄口者，此尤为语录中之最高尚者。复有其人，声名不彰，湮没无闻，虽有述作，散轶未收者，当亦不少。"[1]我们不应因为看不到白庵觉明的《语录》《塔铭》或事迹行状而忽视他作为东明寺临济宗传人的地位，他的东明寺同参师弟月江觉净同样也没有《语录》之类的文献存世，不也得到了慧昰禅师付法而被载入了佛教史册，成为另一位临济正宗第二十四世吗？此为又一则东明寺公案了。

　　附记：关于临济宗传法的方法，据当代著名高僧印顺法师（1906—2005）介绍，禅宗有传法典礼，一直流传到现在。传法的仪式是：法师——传法者登高座，法子——受法者礼

————————
[1] 南怀瑾：《禅海蠡测》，复旦大学出版社，2016年，第16页。

拜、长跪、合掌。传法者宣读"法卷",然后将"法卷"交与受法者。"法卷"的内容是:先叙列七佛;次从西天初祖大迦叶到二十八祖菩提达摩,亦即东土初祖;再叙列到六祖大鉴慧能。(列祖的付法偈有全录的,有略录的。)如传授者属于临济宗,那就从南岳怀让到临济正宗第一世临济义玄禅师。这样的二世、三世,一直到当前的传法者——"临济正宗四十×世××××禅师"。付法于其人,并说一付法偈,然后记着"民国××年,岁次××,×月×日"。这就是传授所用的"法卷"内容。[①]另据佛教在线(www.fjnet.com)2013年3月12日报道,佛光山第九任住持心保法师升座,作为临济宗第四十九世传人,心保法师从开山宗长星云大师手中领受了法卷,其发卷以"摄山栖霞寺佛祖源流"开句,然后书写的格式大体就如印顺法师所言,临济义玄禅师之前被统称为"祖",自"临济义玄第一世"起都称"世",至第四十世广慈真际禅师皆为单传,其中第二十一世万峰时蔚禅师、第二十二世宝藏普持禅师、第二十三世东明慧昙禅师、第二十四世海舟永慈禅师、第二十五世宝峰明瑄禅师……第三十一世箬庵通问禅师、第三十二世铁舟行海禅师、第三十三世法乳超乐禅师等,这些禅师或与东明寺有缘,或直接驻锡过东明寺。从这个法卷可见,它采用的正是

[①] 印顺:《中国禅宗史》,上海书店,1992年,第257—258页。

箬庵通问所编《续灯存稿》的排序，慧�禅师付法的弟子乃海舟永慈，而现在的台湾佛光山临济宗一脉皆传承自海舟永慈，星云大师为临济第四十八世，"悟"字辈，法号悟彻。

第五章　和尚要云游

东明寺开法祖师虚白慧昙禅师圆寂时，因没有留下传法偈语，加之东明山先后来过海舟永慈和海舟普慈两位名号同为"海舟慈"的禅师，便有了虚白慧昙法嗣究竟是哪个海舟慈的争议。不过，在慧昙嗣法弟子名录中还有一位禅师，即月江觉净禅师，其南岳下第二十七世即临济正宗第二十四世的地位是没有任何异议的。《五灯全书》《续指月录》《续灯存稿》等佛教史籍大多有其简传，都将其列为慧昙禅师的两大或三大法嗣之一，但语焉不详，倒是明代唵囕大香禅师在其《云外录》中撰有《古道月江净禅师传》，叙述较为详备，该文刊出后不久就被同为苏州吴江人的周永年（1582—1647）收录进《吴都法乘》①，其主要内容后来又为《震泽

---

① 周永年《吴都法乘》收录"古道月江净禅师传"时，误将月江净禅师最后驻锡的"苕城小鸿里水心院"手抄成了"苕城小鸿里水心院"，后人以讹传讹，又有误写作"莒城"的，使人难解水心院具体地点。笔者查对明崇祯年间德清夏元彬刊清顺治己亥修补本《云外录》（台湾明文书局1981年影印本）后，确认为"苕城"。"苕城"者，即今之湖州也。《云外录》顺治年修补本国家图书馆有藏。非常有意思的是，此刻本乃东明寺后世传人愚山藏禅师在1659年驻锡德清吉祥寺时募捐补刻重印的，他在末页写了重印跋，落款"己亥仲夏望日清溪主人藏谨识"，并钤"愚山藏印"四字阴文印章，注明该书印板存德清吉祥禅院。

县志》《同治苏州府志》《西天目祖山志》等方志、寺志所引，成为《虚白慧昙禅师塔铭》末尾所列十五位"东明寺徒弟比丘"中唯一一位有确切生平行略的东明寺传人。

觉净（1401—1479），号月江，俗姓沈，母钮氏，姑苏震泽双阳人，临济宗西天目山高峰原妙禅师（1238—1295）下第七世法嗣。觉净禅师十五岁出家，拜于震泽镇北张墩浮玉庵古拙法师座下，学习净土念佛和禅宗公案。1422年，参湖州岘山大宗具寿禅师，被婉拒，曰："水浅不能容泊，杭有明眼人在。"于是，他顺道入钱塘古道山（即后来的东明山）拜谒东明慧昙禅师，一语契合，被收为弟子。1429年，觉净正式批缁受具足戒后前往长干、祖堂，期坐两年。期满后返回古道山习禅，求教慧昙禅师，问："如何是祖师西来意？"慧昙反问："哪里学得来？"觉净说："这里来。"慧昙大喝，觉净亦喝。继而，慧昙边用禅板打觉净边问曰："打的在这里，不打的在甚么处？"觉净答道："打的也在这里，不打的也在这里。"慧昙叹曰："这汉造佛殿竟，但未是结果在。"觉净随即辞别师父隐匿天目山，居活埋庵三年、太子庵六年，其间醶酢不沾，寐不席寝，日唯一粥，岁唯一衲，空空洒洒，远屏世缘，游息无定。

天顺年间(1457—1464)，觉净行脚至湖州苕溪畔小鸿里，甚觉周围环境清远幽静，又与当地的周道坚居士禅会，心意相投，言谈契合，遂接受居士们的邀请，驻锡小鸿里水心院。

觉净禅师住持水心院，道行精峻，高风攸著，不久请法者云聚，历二十余年。其时，受禅净双修之风的影响，觉净禅师不忘少时所学，也挟禅修净土法门，唱导持戒念佛。1479年，农历正月十九日，觉净平静地对弟子道林说："吾往矣！有事在尔躬，一衣一钵，此正法眼藏也。慎之！"并唱偈曰："我有一顶衣，古道山中子。七十九年来，从此了生死。泯迹入山中，莫现锋芒事。"唱毕坐化，世寿七十九，僧腊五十四。众信徒在水心院造塔埋灵骨纪念之。

《古道月江净禅师传》的作者释大香（1582—1636），法号唵噦，与觉净禅师同为姑苏人，俗姓吴，名鼎芳，字凝父，家在海舟普慈禅师曾经隐居二十九年的太湖畔洞庭山。少时博学广览，工诗赋，与钱谦益等人多有交游，诗风颇为称道，被时人誉为"洞庭名士"。四十岁时因亡母而感梦，赴杭州云栖寺莲池大师像前剃度出家，继承莲池大师禅净双修的传统，饱览佛经典籍，当年腊月，又入湖州霞幕山。一日，大香踏雪来到霞幕山天湖庵中庵，与寺主本净心禅师（1592—1629）机锋契合，便拜于这位比自己年少十岁的禅师门下。此后，他又行脚云游十年。1632年始，应邀到各地说法，道风秀出于吴越之间，所至一衲，不求伴侣，萧如闲云孤鹤，亦曾驻足余杭塘栖大善寺担任住持。1636年秋归隐霞幕山，自知寿限已到，便召弟子陈元玺上山，相伴数日，起居言笑如故，于农历九月八日结跏趺坐圆寂，塔于霞幕山圣日峰北，世寿五十五，僧腊一十六。陈元赟因之撰《圣日唵噎香禅师传》，后被收入大香的《云外录》中代序。①因大香善写诗，故清代余杭《唐栖志》称其为"诗僧"，曰："大香禅师尝主持大善寺中，静虑之暇，作《无心柏赋》，又有《大善寺八咏》及《大善寺雨坐诗》《秋夜净业楼诗》，详《梵刹》及《杂记》中。卓人月有《听唵噎香说法大善寺诗》，亦详《梵刹》，固前明时栖水一诗僧也。"②清僧纪荫编《宗统编年》，誉大香的诗歌"有皎然、贯休之风"。③曾与大香同游苕溪、碧浪湖等地的钱谦益更是欣赏大香的诗文，誉其"为诗潇闲简远，有出尘之致"；"能祓除俗调，自竖眉目"；"亭亭落落，迥然尘埃之外"，在其所编《列朝诗选》中将大香分为居士期"吴居士鼎芳"和"名僧三十七人之唵噎香公"两部分，各收入大香诗作八十二首和四十三首，并介绍大香有《披襟唱和集》《云外录》《经律集录》《明僧传》及《道德经解》等十余种著作行世。④

　　大约在 1624 年，大香禅师慕名云游来到东明山，写了一首《登双髻峰》五言律诗，诗云：

<hr>

① 《禅门逸书（初编）》第 8 册《云外录》，第 2 页。
② 虞铭：《塘栖艺文志》，浙江摄影出版社，2006 年，第 138 页。
③ （清）纪荫：《宗统编年》，《禅宗全书》二三，第 573 页。
④ 参见绛云楼原本清钱谦益《列朝诗选》四十八之第 52 页和五十三之 39 页；以及（清）纪荫：《宗统编年》，《禅宗全书》二三，第 573 页。

> 细路盘云上，危峰带雨攀。
>
> 众香中有寺，一碧外皆山。
>
> 野鸟看投策，岩松待掩关。
>
> 佛灯前后照，消得夜闲闲。①

诗中，看签牌的"野鸟"与待掩关的"岩松"表明了东明寺尚在亟待高僧执掌重兴的荒凉中。此后，他又撰写了《杭州东明虚白昺禅师传》，并在文末记曰："东明寺，进余不溪之西山中，余得随喜。有建文皇帝遗像。逊位南游，驻锡三载，所谓半边月儿清光尚在。及讯禅师道迹，众皆壅然，目视云汉而已。语云：其父析薪，其子不克负荷。何况百有余年学亏，学箕一堕，伽千圣不能挽矣！"②余不溪，即苕溪在德清境内流向太湖的一段河道。所谓"随喜"，就是游览寺院。

看来，大香禅师"随喜"东明寺所见与笔者 2009 年夏天初访东明寺时差不多，当地人只知建文帝曾隐居东明，而鲜有人知东明寺乃临济宗中兴的祖庭，更不曾听闻东明寺寺名的真正由来和开法祖师虚白昺禅师的行迹。虽然大香的这段言建文帝曾住锡东明寺三年的记述稍有别于其他版本的建

---

①《云外录》，第 24 页。
② 同上，第 78 页。

文野史，但提供了两点值得注意的信息：一是在天启年间，东明寺确实早已有建文皇帝遗像存在了；二是那时的东明寺并不是空无一人，只不过住了些道行不高的僧人与信众罢了。

也正是缘于大香禅师此次游历东明山并撰写了《东明虚白昆禅师传》，才引起了当时的佛教界对这座临济宗祖庭的重视，带来了明末清初东明寺香火的再次兴盛。事实上，1635 年春天，居士名流唐元竑与山茨通际禅师在湖州报恩寺得闻慧昆祖师塔尚存东明山时，大香禅师也在报恩寺，那是他与唐元竑相隔二十年后的再相会。为此，他还专门写了《和唐祈远过访四首》，第一首诗曰："余溪碧水泛春和，布服芒鞋入薜萝。二十年来方一面，始知良晤不能多。"①山茨通际也记录了当时初闻东明祖塔尚存的情景，曰："至乙亥仲春，复侍先师于报恩，有僧元隐持《东明图》呈先师，直唐祈远居士在，共相展览。始知临济二十一代昆祖灵塔现存，不胜喜悦。"②就在这年秋天，山茨通际代师接受唐元竑、黄端伯等居士之邀，主持东明山，以重振东明寺。

大香禅师的《东明虚白昆禅师传》内容大多取自胡濙的《虚白慧昆禅师塔铭》，不过，他点明了在众多东明弟子中"得契祖意，乃海舟慈，秣陵人"。秣陵即南京，海舟慈指南京

---

① （明）大香：《云外录》，第 57 页。
② 《东明寺志》，第 54 页。句中"临济二十一代"当是"临济二十三代"之误。

翼善寺海舟永慈禅师。也许，由于大香与月江觉净禅师既为同乡，又有禅净双修和云游无定的相似经历，过东明寺后，他曾先后两次专程赴天目山寻找月江觉净禅师的遗迹，并写出了《古道月江净禅师传》，在文末记云：

余再至天目，迹师枯寂之场。所云活埋、太子庵者，上下百八十年尘情道念，霄渊之辨矣。因题二十字于洗眼亭壁间云：传闻洗眼处，结茅烟翠里。偶来不作言，坐对一泓水。①

就这样，月江觉净禅师作为安溪东明寺慧昙禅师的衣钵传人，被载入了禅宗史册，同时也被写入了净土宗史籍中。在所有慧昙禅师的东明寺弟子中，海舟永慈受了衣钵，开法金陵翼善寺；月江觉净受了衣钵，游历天目山几处寺庵后，开法苕溪水心院，他们因而获得了临济正宗第二十四世的法嗣地位。这就应了一句俗话："树挪死，人挪活。"僧俗一也。如同当今的一则顺口溜："和尚要云游，干部要交流。"古今一也。云游需要强劲的脚力和坚定的意志，需要闲云野鹤般的自在心，更重要的是"行万里路"能够开拓眼界，将佛法进行具身化体验，从而更易开悟入境。古时有赵州和尚云游至八旬高龄才歇脚，近代有虚云和尚长年云游而得"一身系五宗法脉"，两者皆寿至一百二十。虚云和尚行脚大半个

———————————
①《云外录》，第78页。

中国，并经西藏至印度、斯里兰卡、缅甸等国，归来后写《云游独归》诗云："独去独归得自由，了无尘念挂心头。从今真妄都抛却，敢谓寒山第一流。"[1]

大香禅师称月江觉净为"西天目山高峰下七世孙"，无独有偶，临济宗另外一位第二十四世传人古溪觉澄禅师同样有过长年的云游经历，被海舟永慈禅师称为"续高峰妙禅师七世之灯，临济下二十四代之孙也"[2]。有意思的是，《虚白慧昙禅师塔铭》末尾所列十五位"东明寺徒弟比丘"中第一位就叫"觉澄"。笔者虽然无法判别这两个"觉澄"是同一个人，还是同名二僧，不过，被佛教史列为楚山琦禅师法嗣的古溪觉澄确也有许多与东明寺的不解之缘。例如，他与东明慧昙一样都受戒于杭州昭庆寺；他与海舟永慈甚为投缘，因海舟永慈举荐住锡金陵高座寺等等。是故，笔者特辑录《列朝诗集小传》《五灯全书》《南宋元明禅林僧宝传》等相关文献，列其简传，以备方家考证该两个"觉澄"之谜。

觉澄（？—1473），号古溪，投子琦禅师法嗣，蔚州（今河北蔚县）人，俗姓张。十岁时为牧牛童，十四岁从云中天晖落发为僧，阅《大藏经》五年后，又从默庵和尚坐禅大兴隆寺。景泰三年（1452），受礼部尚书胡濙之命住持南阳香

---

[1] 惟升：《虚云老和尚的足迹》，宗教文化出版社，2003年，第59页。

[2] 《列朝诗选》之五十二，第58页。

严寺，不到一年，自觉大事未明，便离寺云游，参学高僧大德。[①]此前曾于正统初年受戒于杭州昭庆寺。[②]在行脚巴蜀和江南时，历访大冈山月溪和尚，西蜀投子山楚山琦和尚。在参访楚山琦时，被问及："心外无法，满目青山，作么生会？"答曰："法外无心，青山满目已。"两人针芥相投，从而结为师徒。[③]随后，一路随楚山琦至江南，并受法卷成为临济第二十四世传人。此时，海舟永慈已住锡东山翼善禅寺，而古溪觉澄常过东山相访，甚为投缘，从而于天顺五年（1461）被海舟永慈推举为高座寺住持，《南宋元明禅林僧宝传》叙述两人友谊如下：

间有古溪澄禅师，常过东山，师与盘桓，喜其见处稳实，叹曰："真断桥之后也！"乃举澄以住高座寺。澄初出世，

---

① （清）钱谦益：《列朝诗集小传》（下），上海古籍出版社，1959年，第686页。

② （清）释篆玉：《大昭庆律寺志》，《丛书集成续编》第58册，上海书店出版社，1994年，第537页。寺志云："金陵古溪澄禅师，嗣投子楚山和尚法者也。历高座寺，亦得戒于昭庆。度其时，当在昭庆（笔者按：此'昭庆'乃'庆云'之误）主席年，否则智淳也。"庆云宗师正统元年住持昭庆寺，登坛开戒，而英宗皇帝谕祭智淳宗师为正统十一年七月初九日，此前智淳还出任过灵芝寺住持，所以，无论古溪觉澄受戒于庆云宗师还是智淳宗师，时间都在正统初年，即东明寺慧昍禅师影响最盛时期。古溪觉澄在昭庆寺受戒后转道东明山拜慧昍禅师为师不是没有可能。

③ 《续藏经》第141册《五灯全书》卷五十九，第267页。

衲子不甚知名，师以澄法语缄达诸山，诸山始归重，兼仰师有卫法至公之德云。

天顺五年辛巳，师升座说法毕，一喝而逝。逝之日，白虹横贯，异鸟悲鸣。古溪澄哭之恸，挽之以诗，吊之以文。……

澄自后不上堂，亦趺坐迁化于香严。香严之众凄然，澄徐展目曰："不须如是。"复宴然长往。①

也许是因为古溪觉澄与海舟永慈同为临济第二十四世之故，又或许古溪觉澄就是东明山为慧昙立塔碑的十五位"东明寺徒弟比丘"之首的觉澄（因而不难理解为什么重建了东明寺的觉明反而只能列位第二了），曾与海舟永慈同参慧昙，加之机缘契合，古溪觉澄得以被海舟永慈赏识接引，而海舟永慈毫无保留地接引自己身边之人宝峰智瑄则更在情理之中了。《南宋元明禅林僧宝传》记录如下：

缁素为师预建身后之域，有范作头者，失斧伤足，痛甚，索酒。师谓之曰："范作头！伤足犹可。假若斫去头时，有千石酒与作头，作头能吃否？"

范于言下知归，即求为僧，师录之，乃充火头。刻意究竟，不觉被火燎面如刀刃，取镜照之，欣舞，以偈呈师，师

_____

① （清）释自融撰，（清）释性磊补辑：《南宋元明禅林僧宝传》，《佛光大藏经》，台湾佛光出版社，1994年，第375—376页。

为肯可……

师之门人智瑄，开法金陵。瑄传天奇本瑞，瑞之法嗣大振，瑄即范作头也。[1]

宝峰智瑄（？—1472），海舟永慈嗣法弟子，具体生平事迹传世者不多。佛教传灯文献中虽然对其悟道因缘的叙述大同小异，然而对其法号的记述则有不同，《五灯全书》《续灯存稿》和《续指月录》等文献，作"智瑄"，而《五灯会元续略》《五灯严统》《续灯正统》以及《揞黑豆集》等文献则写作"明瑄"，皆因受嗣法慧昺禅师的海舟慈究竟是永慈还是普慈之争的牵连所致，永慈名下出"智瑄"，普慈名下出"明瑄"，比较两者行状，其实为同一人，都是"吴江范氏子"。[2]笔者综合这些文献述其行状如下：

智瑄（明瑄），号宝峰，原号玉峰，俗姓范，苏州吴江（今江苏吴县）人，出家前为木匠，被唤作范作头。海舟永慈住持南京翼善寺后，雇人建造塔院，以备坐化。某日，受雇海舟禅师的范作头使斧头不慎伤及自己的腿脚，为减轻疼痛，向禅师索酒喝。海舟禅师对他说："你伤的幸好是脚，如果砍着了脑袋，即便给你千石酒，你还能喝吗？"范作头听后

---

[1] 《南宋元明禅林僧宝传》，第375—376页。
[2] 蔡日新：《临济下虎丘禅系概述》，甘肃民族出版社，2008年，第124、129页。

猛然醒悟：觉悟乃人之根本大事，喝酒虽然能麻痹脚伤的一时之痛，但并不能医愈人生之烦恼与悲苦。于是，拜在海舟禅师足下要求出家。海舟禅师欣然为其剃发，边剃边说道："今日汝头落也。"智瑄机智地应对道："头虽落，好吃酒人头不落。"

出家后，智瑄在翼善寺担任火头僧。有一天，智瑄背负木柴进寺，路遇海舟禅师。

海舟禅师问："将荆棘作么？"

智瑄辩说道："是柴！"

海舟禅师听后哈哈大笑，说："是柴？将去烧却！"

智瑄进了厨房，边生火，边疑惑，暗忖："到底是怎么回事？明明是柴，为何师傅故意问我'将荆棘作么'？还叫我拿去烧了。"百思不得其解，一不小心，智瑄被灶门喷出的火焰烧着了眉毛，顿觉面如刀割，连忙拿镜子照照，恍然大悟，写了一首偈子报告师傅，曰："负薪和尚唤为棘，火焰烧眉面皮急。祖师妙旨镜中明，一鉴令人玄要得。"

海舟禅师见偈便打。智瑄夺住杖问："这条六尺竿几年不用，今日又要重拈？"

海舟哈哈大笑，智瑄又呈一偈，曰："棒头着处血痕斑，笑里藏刀仔细看。若非英灵真汉子，死人吃棒舞喃喃。"

海舟叹曰："即此偈，可绍吾宗！果是从缘入者，永不退失；从疑得者，妙用随机。"便付偈曰："迷雾犹如空里云，碧天明了净无痕。历然世界其中露，杀活拈来总现成。"

景泰五年（1454）二月二十一日，海舟禅师举行仪式为智瑄付法，授祖衣一顶，拂子一枚，法偈一首。偈曰："临济儿孙是狮子，一吼千山百兽死。今朝汝具爪牙威，也须万壑深山止。"智瑄在翼善寺得法后，赴南京高峰寺出任住持。

据《南宋元明禅林僧宝传》记载，天顺五年（1461），海舟永慈禅师升座说法毕，一喝而逝。此日，白虹横贯，异鸟悲鸣。海舟生前颇为赏识的古溪觉澄禅师挽之以诗，吊之以文，其大略曰："道扬湖海，德播神州。慈济隆乎品汇，声名动乎王侯。来西蜀而全堤正令，坐东山而大阐玄猷。续高峰七世之灯，烁群昏而独焰；绍岊祖百年之踵，吞众派以周流。将入涅槃，现衰相，而白虹贯日；既归圆寂，殓法身，而夜壑藏舟。"[1]第二年，包括智瑄在内的海舟禅师之104名弟子智忍、智瑛、智玺在翼善寺左侧为师父立塔，并在塔前建石碑石坊。[2]

---

[1]《南宋元明禅林僧宝传》，第376页。

[2]（清）智楷：《正名录》，《禅宗全书》35，第201页。不过，关于海舟永慈禅师卒年，《五灯全书》有不同记载："成化丙戌（1466年），师示寂，寿七十二，腊五十。塔于本山。"（《续藏经》第141册《五灯全书》卷五十九，第263页）依照海舟永慈塔立碑弟子以及慧旵塔铭立碑徒孙皆为"智"字辈判断，"智瑄"当为宝峰禅师之正式法名。然而，慧旵塔铭碑刻七个徒孙中并没有"智瑄"二字，可见"范作头"所造塔院并不是东明山塔院，其师也不太可能是东明慧旵圆寂后一直生活在东明山的普慈，而是东山翼善寺之永慈，"明瑄"可能是其曾用名，

此后，智瑄重回翼善寺继任住持，名闻遐迩，学者云集，于成化八年（1472）腊月九日圆寂，塔建翼善寺左，在海舟禅师塔之侧。然而，《续指月录》以及山茨际的《东明遗录》称："全身塔于东明寺右。"[1] 如此一来，临济宗后人便又生出了海舟永慈和宝峰智瑄师徒的灵塔究竟是在南京东山，还是在杭州东明山的争议。

对于此种争议的产生原因以及事实真相，有两位临济传人给出了比较有说服力的阐述，一是天童的山晓本晳，一是东明的湛潜。为查证永慈和智瑄二人的灵塔，山晓禅师于清康熙初年专程到南京翼善寺和杭州东明寺走访了一番，指出：

> 只因前后两海舟之语录失传于世，后代著述家又不能远涉山川稽考碑碣，所以动多淆讹，且东山海舟塔院日久流为袈裟子院。前者我宗，承绍式微，有失瞻扫稽查，兼之东明伪传混行于世，故致今日笔舌纷争。倘白岩不惜一鞭草鞋，亲到东山睹海舟慈、宝峰瑄二祖之塔，岿然建立；其行实碑虽尘埋日久，而字画分明，炳若日星。我知白岩一见，自然冰释，必不以伪传之明瑄而溷我宝峰之智瑄祖也明矣。[2]

只是为了吻合永慈所定临济法脉演派一百十二字"普永智广弘胜德……"至"智"字而改。关于临济法脉演派，笔者将另章再述。

[1]《山茨禅师语录》，第116页。
[2]《正名录》，第192页。

以此，山晓禅师得出结论：在安溪东明塔院慧昌禅师骨身塔左侧的是海舟永慈的衣钵塔，海舟永慈和宝峰瑄的全身塔则是在金陵翼善寺左山麓。

时任东明寺首座的湛潜则在他重编的《东明寺志》中，抄录了翼善寺保存的唯一一份相关档案——景泰五年二月十一日海舟永慈给宝峰智瑄的付法"敕赐翼善禅寺开山临济下正嗣第二十四传法比丘永慈亲书付嘱"，并指出：

> 今寺右果有一荆榛处，自古相传为瑄祖塔，不许妄加樵采秽亵，但惜东明、翼善，皆无碑铭可考。虽然，祖宗塔庙所在，即精爽存焉。不观熊耳圹中孰不知只一革履，天下万世谁敢藐为非祖塔也欤？由此观之，不必论慈、瑄二祖灵骨果在翼善，果在东明，既有片石抔土，未泯所在，子孙自应虔恭奉守可也。[①]

正因如此，湛潜并没有轻易否决山茨通际《祖灯》中"宝峰禅师讳明瑄"和"全身塔于东明寺右"的观点，而是将其《东明第三代宝峰瑄祖传略》全文抄录附后，"以备稽览"，只是在末句留下了疑问："据《祖灯》称得于《紫柏遗集》，翼善既无瑄祖碑铭，不知紫柏从何处得来？"[②]笔者以为，

---

① 《东明寺志》，第33页。
② 同上，第33—34页。

湛潜的以上这段关于"瑄祖塔"的叙述最合佛教思想。佛家论"性"，论"相"。"性"即事物的根本，"相"则是事物所呈现的外貌表象。僧人的灵塔，无论是骨身塔，还是衣钵塔，无非外相，其本性则是佛法的代代传承。这大概也是许多有关禅宗记传更愿意将海舟永慈、宝峰智瑄的灵塔记在东明祖庭名下的原因。依笔者看来，智瑄悟道时与师父的禅机交锋本身就很好地包含了"性"与"相"的统一。智瑄的剃发乃"相"，受戒为"性"；智瑄所说的"头虽落"为"相"，"好吃酒人头不落"则为"性"；"荆棘""柴"只是假名相，而将之烧却为空才是"性"；柴之火焰是"相"，热灼人面是"性"；"人面"是"相"，人之内心乃"性"；镜中之人是"相"，五蕴和合的"我"是"性"。归而言之，"色"为"相"，"性"为"空"，此所谓"色不异空，空不异色"。

总之，全身塔也好，衣钵塔也罢，虽然归了祖庭，然而，海舟永慈在东明山得法为临济第二十四世传人后云游去了东山，香火之盛也随之而去，"正统五年庚申六月，昰公化去，东南学众惟归东山"①。宝峰智瑄嗣法海舟永慈成为临济第二十五世后，又付法天奇本瑞为第二十六世，而这位第二十六世传人无论是生前，还是死后，都与东明寺无涉，云游去了湖北荆门，东明山香火从此开始了近一个半世纪的寥

---

① 《南宋元明禅林僧宝传》，第375页。

落。① 如此看来，行脚云游，对于僧人个体而言，不失为一种修行的好方法，而对古道山道场而言，因东明慧旵行脚云游至此，中兴了临济正脉，但也因海舟普慈、月江觉净、宝峰智瑄等嗣法子孙的云游开法他山，以至再陷没落，真可谓成也"云游"，败也"云游"。

---

① 对于这个时段东明寺衰落的原因，湛潜的《东明寺志》给出的答案是：寺院的建设破坏了山下村落的风水，因而招致破坏毁坏，曰："山下居民疑为阴阳相犯，暗致伤爕"；"后因里俗人讹传风水相犯，阴致爕伤；法堂、方丈、钟楼等悉为丘墟，寺产多废为民业。崇祯八年（1635），古杭司理黄公端伯亲诣勘视，劝本里檀护酾金回赎，迄今赖之。"（见《东明寺志》，第16、19页）

第六章　是非以不辨为解脱

由于明朝自太祖始，就对僧道实行了严格的管控措施，所以除了明初尚有名山高僧显迹于社会外，此后包括禅宗在内的佛教各宗派开始步入式微阶段。正如圣严法师在其《明末佛教研究》中所言："明朝开国君主朱元璋，虽曾做过沙弥，并未对佛教特别重视，以致到了公元1425—1567年的百余年间，佛教的人才奇缺，势力不振，直到明末的万历年间，始有复苏的气象。"[①]东明寺也难逃同样的命运，香火沉寂了一个半世纪后，终于在此种"复苏的气象"中迎来了重兴的契机，只不过时间稍晚一些，其时已到了崇祯年间。

崇祯八年（1635），杭州来了一位非常热衷于佛教的推官黄端伯（1585—1645）。"推官"俗称"司理"，是主管司法审判的地方官员。鉴于东明寺的败落，黄端伯与同为居士的好友唐元竑两人力邀天隐圆修禅师（？—1635）住持东明，以图重振东明道场。天隐修禅师，结茅常州磬山，得幻有正传禅师印可而成为临济宗第三十世，初住磬山，次迁法

[①] 圣严法师：《明末佛教研究》，宗教文化出版社，2006年，第200页。

济，此时已住锡武康报恩寺①，与湖州唐元竑等佛教居士多有交往，颇为信徒们所敬仰称颂，所以黄端伯便向其发出了迁住东明寺的邀请函，全文如下：

> 向从天童老人传闻法号，及读《磬山语录》，又得睹法音光明。湖州古镜，铸成大磬，以醒聋儒，真千古希有事也。唐道人称颂道风，令人渴仰，而东明诸僧之请甚坚。昆祖法身坐断十方世界，更望大师点破先和尚顶门也。专牍叩请，恭望惠临。②

这封信函表明，此时东明寺内不是没有僧人，而是缺乏一个高僧引领重振道场。天隐圆修禅师当然知晓东明寺这座慧昆祖师的古道场，不仅从大香禅师等人处听闻了东明祖庭目下的寥落，还在这一年的仲春，遣弟子山茨通际与唐元竑结伴前往实地察看了一番祖庭现况。有感于昆祖塔之"塔号、

---

① 湖州历史上曾有过多处名为"报恩"的寺院，据湖州师范学院王绍仁教授考证，天隐修禅师的嗣法弟子玉林通琇住锡过的报恩寺位于武康镇上柏村金车山麓，寺已废，现为浙江武康疗养院。（参见王绍仁《湖州报恩寺遗址考述》，《湖州师范学院学报》2010年第4期）据此，天隐修禅师住锡的也应该是此处报恩寺。另据湛潜《东明寺志》所载唐元竑《送上柏山报恩寺山茨禅师住东明寺引》，可知天隐、山茨师徒们所居报恩寺就在武康上柏村。（参见《东明寺志》，第85页）

② 《东明寺志》，第83页。

铭篆悉被侵葬者毁坏，将淹没于荒烟古木中"，两人各赋七律一首。

礼岊祖塔志感

通际

峰冷云寒古到今，塔荒林木覆层阴。

碑残字绿风霜远，桥断溪光岁月深。

舍利体同千丈体，松涛音杂乱流音。

吾师一脉原从此，九礼依依共苦吟。

春日同山茨禅师过东明寺礼岊祖塔志感

唐元竑

正宗遥溯旧根源，遗像今瞻铁面门。

事越百年碑早蚀，草深一丈塔孤存。

威同狮子谁能觑？曲演新丰尚可温。

钟鼓俨然残址在，阿谁重整破沙盆？ [①]

对于"吾师一脉原从此"的东明寺，天隐修禅师虽心向往之，然因健康原因，已无力遂愿应邀迁住了，为不拂黄司理和唐居士的意，便顺水推舟想了个两全其美的办法，给黄端伯回信说：

----

① 《山茨禅师语录》，第119—120页。

贫道久栖岩谷，甘自一生。希入苕滨，移茆深隐荒院破刹，兼之抱病。承居士以东明见招，并唐居士再三竭力，此昆祖道场，灵塔现在，贫道何忍坐视寥落？但值病中，未能周旋，托学徒山茨代引一方。二百余年不了公案，得居士举扬，此话大行，又何待病僧饶舌也。[1]

笔者推测，天隐修禅师之所以如此安排，一方面可能是因为觉着自己病重，将不久于世，只好推荐弟子山茨通际代己去重振东明寺，以不辜负黄端伯、唐元竑等地方官员和佛教居士的期望；另一方面，也是为门下几个嗣法弟子安顿好各自的去处。如此，在这一年的秋末，山茨通际代师上了东明山。未几，天隐修禅师便在报国寺圆寂，其另一位嗣法弟子玉林通琇（1614—1675）继住报恩寺，后被顺治皇帝诏为国师。

山茨通际，虽为天隐修禅师的五大嗣法弟子之一，但大概是由于其师弟通琇禅师曾任国师而太过有名的缘故，因而遮蔽了他的事迹，世人不太知晓其行迹与思想。最近，日本东北大学中嶋隆藏教授撰文《南岳山茨通际禅师小考》[2]，

---

① 《东明寺志》，第83页。
② 文见惟正、杨曾文主编《禅宗与中国佛教文化》，中国社会科学出版社，2004年，第210—229页。中嶋隆藏研究认为：目前学界对云栖袾宏、达观真可、憨山德清、藕益智旭等明末四大高僧的研究可谓相当深入，成果不少，但如果要全面了解当

才使得这位临济宗第三十一世传人逐渐为今人所了解。他的生平可从其师兄箬庵通问禅师所写《临济第三十一代南岳山茨际禅师塔铭并序》①中了知大概。

通际（1608—1645），万历戊申七月十一日生于通州（今江苏南通），俗姓李，号山茨，别号钝叟。其母信佛吃素，事佛惟敬。他刚出生不久，有附近天宁寺的鉴川老和尚来问其父母，说："这个孩子有修道的天赋，你们舍得让他跟我出家吗？"后来，又有一位相士对他父母说："这个孩子骨格超凡，非出家而不能久活。"于是，在他15岁时，其父母就让他拜鉴川老和尚为师，削发成了沙弥。寺中有位若昧法师常开坛说法，每当听到"无常迅速"一句，通际总有一种无名的紧迫感，问自己："一口气不来，向甚么处安身立命？"觉着天宁寺的师父们无法满足自己的求法之需，于是

时的思想界，还需进一步研究诸如山茨通际这样不太有名，但"作为一派宗师、潜心修行、对于门下弟子有很好的、很深刻的影响"的僧人。"明末清初，内忧外患频频发生，风俗混乱，政治迷走。南岳山茨通际禅师在动乱中度过了三十八年的生涯。其才干尽管相当卓越，先师允许他作其嗣法人，门下也认为他是临济第三十一代宗师，但其生涯却是短促，因此，历史记录上谁都找不到其赫赫成绩。相当有权威性的禅宗辞典也不为他单独立目。和达观真可、憨山德清、云栖袾宏、蕅益智旭这几位高僧完全不一样。这样情况实在令人叹惜。总之，他的遗言遗著让我们知道他在明末清初很真诚地过了修道生活，而且推进了弘法活动。"

① 《山茨禅师语录》，第99—104页。

便开始了云游参访之路。他首先来到海盐金粟寺参密云圆悟老和尚,受了具足戒;20岁时又转赴常州磬山拜于天隐圆修门下,参究三年,不得领悟,后在回乡省亲途中,偶然听到两僧人在讨论"长生灵云问答机缘",听到"打破镜来相见"一句时豁然开悟,旋即返回磬山,得到了天隐修禅师的印可。之后,作为典客一直随侍天隐修禅师左右,先迁住法济寺,后又住锡报恩寺。1635年秋,天隐修禅师染病,适逢黄端伯居士请他出住东明寺,便对通际说:"老僧病躯不能久荷众。汝侍老僧且久,各行一路,无滞此。"并回复黄端伯拟使通际代己主席东明道场。黄端伯本人其实也是一位得道居士,接到天隐修的回复后,亲自来到报恩寺与通际见面,两人禅机交锋,缁素叹服,于是改请通际住锡东明以重振古道场。对此,唐元竑特意撰《送上柏山报恩寺山茨禅师住东明寺引》以示庆贺并寄予厚望,曰:"幸一时祖道有光,值七世孙枝再至。上柏山中,洪钟待叩,安溪镇上,清磬遥闻……老和尚弥天法雨,请待来年。旧院子忽地春光,聿从今日。"[①]通际上东明山后,经过三年努力,终于将业已破败不堪的旧院大致上恢复了原样。然而,也许是唐元竑文中所谓"一时祖道有光"之"一时"不吉,果真没多久,1638年春,通际被"虫以盗占祖塔",陷入人事纠纷,只好离开东明,转道庐山去了湖南衡阳南岳,在掷钵峰下缚茅搭建"绿萝庵",

① 《东明寺志》,第85页。

并编纂了《南岳禅灯录》。1644年，为避战乱，通际又转入长沙浏阳南源禅寺，在那里秉持百丈禅师之"一日不作一日不食"之训，劳作参禅。后因误食涧芹中毒，有中毒者急急寻找解毒之法，但通际不仅不急，还反问他们说："何必尔？"[①]遂于乙酉年（1645）二月初八日沐浴坐逝，僧腊24年，享年不足38岁。南岳老宿为其在绿萝庵营建灵塔，了却了他的"几生梦在绿萝庵"之夙愿。

通问为通际所写的塔铭，称通际是因"忽师虫以盗占祖塔"的人事纠纷而离开了粗复旧貌的东明寺的。关于"师虫以盗占祖塔"一句，对通际禅师深有研究的中嶋隆藏教授认为此正是通际不得不离开东明寺的缘故，"他替师入山办理院事，尽管宰领得相当得体，但一些僧人不满意于他比较严格的要求，造谣诽谤。他又不喜欢和其他僧人辨明道理，因此，他决然离开东明寺，经过庐山到达南岳，结草庵，过了大约八年的修道说法和编写撰述的生活"；"他在杭州东明寺由于某种缘故不能实现自己的指导原则，只好离开东明寺去到南岳结草庵，再次推进修道，指导和编著的活动。"[②]那么，究竟是什么样的人事纠纷呢？中嶋教授其实还是没说清楚。笔者以为，要弄清事情的来龙去脉，必须先搞清楚当时在东明寺到底有哪些僧人与通际禅师发生了人事关联。这些人无

---

① 《续指月录》，第440页。
② 中嶋隆藏：《南岳山茨通际禅师小考》，第213、215、229页。

非就是随通际禅师上东明山的同门师兄弟以及通际禅师上山后新招收的徒弟们。

　　阅通际自己编刻的《东明遗录》可知，不仅天隐修禅师的通问、通琇等嗣法弟子因通际的住锡而到访过东明寺，而且还有诸如大林通伟、崇北通振、无文通印等临济宗"通"字辈的僧人上东明山礼昆祖塔和建文像，并留下了诗文。然而，在通际住锡东明寺期间，有一个同门师兄，法名虽不带"通"字，《东明寺志》等文献中也没有出现其名号的僧人为东明寺重振作出了重要贡献，那就是印乾法师。纪荫所编《宗统编年》简述有印乾法师与通际禅师以及东明寺的机缘，曰："山茨际初住东明，老屋败椽，仅蔽风雨。乾毅然往佐之，东明由此复振。"① 也就是说，东明寺的一时重振，离不开印乾法师对通际禅师的辅佐。山翁道忞（1596—1674）《布水台集》有《圣寿印乾法师传》一文，叙印乾东明寺之前的生平简历如下：

　　京口（今江苏镇江）圣寿寺印乾法师（1595—1643），字海印，俗姓韩，江苏扬州广陵人。早年丧父，其母孙氏见其聪慧异于其他儿子，便守寡担起了慈母严父的双重重任，过庭必训，并送其远学金沙，希望将这儿子培养成光宗耀祖之才。然而，不知何故，印乾年纪虽小，却志在出尘，心无半点经世之意。其母觉察后便乘其回乡就试时，为其张罗婚

---

① （清）纪荫：《宗统编年》，《禅宗全书》23，第581页。

事，以促其用心功名。然而，他却哀求旁邻的佛寺老僧体庵能公为自己剃度出家得坠三宝。有一天，体庵能公对印乾说："千岁之椿必生广莫之野，凌霄之鹤讵栖枳棘之林？"印乾马上领会了深意，便启程开始云游天下名刹，拜访名家高师之路，虽深得京口悟心融禅师等诸多高僧赏识，挽留分座讲法，却依然自认未遇长者而得法。崇祯己巳（1629）年春，印乾听闻高僧博山来禅师受请到了南京天界寺弘法，便匆匆前往拜揖请教，不料等他抵达南京时，博山禅师已经返回江北。正值其怅惘之际，恰好遇上了从磐山寺来的山茨通际。通际告诉印乾，他的师父天隐修禅师道行高深，可以为师。于是，两人便一同前往磐山，拜入天隐禅师门下，几经点拨教导，益得器重。其后，印乾听闻其师伯宁波天童寺密云圆悟禅师（1566—1642）法化隆盛，便又前往参学逾年，待其返回武康探视已驻锡报恩寺的天隐修禅师时，师染病圆寂，他只好准备重踏云游修禅之路。恰好初住东明寺的山茨通际急需帮手，他便也上了东明山，因而与东明寺结缘，成为重振东明香火的另一僧人。[1]

从入师门的时间上算，通际要比印乾早一年，当是师兄；但从年龄和参禅经历上看，印乾要长于通际，而且印乾后来又云游至天童寺，亲炙于师伯密云圆悟禅师，所以，其资历

---

[1]（清）道忞：《布水台集》，《禅门逸书》第 10 册，第 107—109 页。

以及与世俗社会沟通的能力似乎又在通际之上，岂能旁观通际一个人收拾"瓦老云寒，破椽不蔽"的东明残院呢？于是，通际和印乾两人分工合作，一个主内，一个主外，时过两年，便"规制稍就，粗成旧观"。其间，通际还组织整理并刻印了《东明昆祖遗录》等文献，东明寺中兴在望。

不料，大功还未完全告成，印乾和通际于1638年春天先后离东明寺而去。何故？请看他们两人离寺的经过。《圣寿印乾法师传》中这样说：

> （通际）孤掌难鸣，兄岂靳双手哉？师毅然走嘉、湖、杭、白三郡之护法及当事者，卒赜师之议，而东明繄此复业。然师不自谓德，复去山后数舍缚屋而居。师为人外瘁中刚，寡缘饰，与物无违诤，而义在必往，不吝情去留，而师友恒切居东明。时未三祀，长兴男子复构室乌瞻深处，延师。师欣然乐就，将为终身不出计矣。[①]

意思是说，印乾来到东明寺后，毅然出手辅佐通际重振东明香火。他常常奔走于杭嘉湖之间，说服护法僧众以及当地官员以求帮助，东明寺终于得以重开道场。不过，他个性外柔内刚，不与人因物而争，也并没因此而居功自傲，而是离开僧寮，自己在山后搭屋而居。相反，他的朋友却长久"切

---

① 《布水台集》，第108页。

居"东明寺。不到三年，长兴有一位居士又造了个佛寺请他去住持，他便欣然前往，准备以那里为终身处所了。

而《山茨际禅师塔铭》则说：

越三年，而规制稍就，粗成旧观。忽师虫以盗占祖塔。会之绅士，力陈当事，为师图复。师喟然曰："夫沙门以无诤为德，吾不能以德化，而藉护法以力争，滋愧矣！"曳杖宵遁……①

也就是说，东明寺初步复原后，不久，通际便被诽谤为盗占祖庭，只好请求地方绅士和官员主持公道，为其正名，并感叹道：出家人应该以无争为德，我却要凭借护法僧众的力量力争，而非以德行感化他人，实在是惭愧啊！于是，离东明寺而去。

对照以上两段文字，可以看出，印乾和通际都是因为不愿意与他人争功并主事东明寺而离开了东明山。与谁争？《圣寿印乾法师传》是印乾在天童寺的师弟道忞禅师撰写的，难免有感情倾向，文中有所暗示：复建东明寺的主要功劳是印乾的，但他却还得去山后"缚屋而居"，而他的朋友却一直"切居东明"，"切居"音同"窃据"，其隐喻内涵不难读解。另一方面，《山茨际禅师塔铭》则是通际的正宗师弟通问禅师撰写的，一个"虫以盗占祖塔"的"虫"字，非常形象地

①《山茨禅师语录》，第101页。

描述了通际被说成是"盗占"临济宗祖寺时的难受心情，犹如被虫一咬，其痒无比，只好离东明寺而去。文中虽然没有直接说明被谁"咬"，但从整本《南岳山茨际禅师语录》只录有一首通际送印乾拟赴天童寺时所写的小诗以外，别无任何印乾法师信息的情况看，此人应该就是印乾或者包括印乾的支持者。因为在东明寺与之发生了龃龉，通际不愿意提及曾经的好友、同门师兄而且又是共图东明寺复兴的同道——印乾，亦是在情理之中。

通际虽败兴离东明寺而去，但他在离开之前，不免与僧众护法诗文酬唱，对他们说：我"因事"而去，请另选高明，并留下绝句二首，题曰《离东明辞杭湖两郡护法》：

> 祖庭事业今成矣，瓢笠何妨又别游。
> 庐岳山山春正好，闲身随处卧云幽。
>
> 道薄不堪居祖室，合随云鹤听潺湲。
> 从教别选僧中德，可使重拈六尺竿。[①]

通际真的那么决然吗？在他离开东明寺后，黄端伯居士和已住锡九溪理安寺的箬庵通问曾先后致信劝其再回东明寺，但他回复黄居士说："若某虽辱法门，实无一德。唯有

①《山茨禅师语录》，第82页。

云山作伴，岩谷是依。至于他日有好事者曰：'某师贤，某师不肖。'某不在其例为幸也。行旌既远，会晤何时？临楮拳切。"[1]回复通问时说："'东明'两字不欲再闻，弟尝痛心！当代荷法之士，一住院子便视为己有。去去来来，不啻驽马之恋枯桩。佛法衰替，古风不振，皆此辈之过也。惟知己无复望弟再回东明，不致弟于此辈中则幸甚……万望同众护法，另择贤者主之，则不负弟两载祖庭苦心也。"[2]其去意虽决，然而，其内心的酸楚和怨怼也是跃然纸上的。

　　通际和印乾在东明寺的这一段公案，正应了中国的一句老话，"同患难易，共富贵难"。方外之人，也是人，只不过是修道于方外而已。印乾和通际虽然都崇尚"不争"，秉持佛家以"无诤"为德，然而，从以上相关段落的字里行间不难看出，他们各自在离开东明寺时还是心有不甘。当然，也许是笔者以小人之心度君子之腹，错怪了他们，诚如通际回复通问信函时言："弟住则为法门住，行则为法门行，岂有舍法门而为己者乎？"[3]他们的东明山之"争"，并不为私己之利，而是为了弘扬佛法，更何况为避免矛盾，结果他们两个都离东明寺而去，应该说显出了方外之人的本色。事实上，当听说印乾也将离开东明，准备转赴天童寺时，通际

---

① 《山茨禅师语录》，第58页。
② 同上，第58—59页。
③ 同上，第59页。

冰释前嫌，赋诗一首《送印乾兄之天童》，曰："春水春山拽杖藜，喝风棒月任施为。相逢太白峰头老，一笑从他一众疑。"[1] 期望不久的将来能相逢一笑泯恩怨。可见，从一个尘世俗人，修炼成为方外高僧大德，并不是一蹴而就的，而是需要一个漫长的历练过程。

至于如何看待自己苦心经营而建立的寺院道场，方外之人，也难免受世俗的影响。南怀瑾曾有言：佛教虽然是外来的，但必然受中国文化影响，子孙相传的丛林制度就是中国文化的产品。丛林当归十方众生共有，但中国文化素来以儒家文化为主流，宗法社会思想影响中国佛教，"家族"和"私有"的观念，导致了子孙丛林的产生，师徒世代相承，与普通人宗族的世代衔接是一样的，只是不同于普通的血统关系罢了。[2] 临济宗讲究师徒子孙相传，尤为如此。好在佛家讲普渡众生，认为四大皆空，"私己"的程度总归要比俗家凡人小得多。这也正是历代高僧大德在圆寂后，人们总会给他们立塔碑，刊印语录集，传世念之的原因。显然，如果没有以上所引通际与印乾的塔铭、传记与语录，我们就很难细究明末此则昙花一现般的东明寺中兴公案了。

印乾因长兴居士之邀离开东明寺后，先去了京口探望悟

---

① 《山茨禅师语录》，第 82 页。

② 南怀瑾：《中国佛教发展史略述》，东方出版社，2015 年，第 202—205 页。

心融禅师，结果被悟心禅师以老病之由需要继住人而挽留，留在了京口城南八公洞，没多久，便继替圆寂的悟心禅师成为圣寿寺住持，在京口、广陵等地弘法，于崇祯癸未年（1643）五月七日圆寂，世寿49岁，僧腊31年。[①]其年纪虽长于通际，然而却比通际早两年离开了人世。

印乾圆寂后，其天童寺同参法弟山翁道忞为其撰传。而通际圆寂后，则是其磬山寺嫡堂法弟、时任杭州理安寺住持箬庵通问于1652年为其撰写塔铭，铭曰："大鉴之道，南岳其昌。聿兴济宗，后先光扬。传三十叶，宝维磬室。如云从龙，英英赫烨。同室为谁，山茨际公。针芥相契，乳虎称雄。严严东明，日午方卓……"[②]的确，临济宗相传三十代至磬山天隐圆修禅师，龙虎辈出，天隐门下，不仅出了顺治皇帝的国师玉林通琇，而且还出了林皋本豫、山茨通际、箬庵通问、印中通授等一批临济宗传人，其中箬庵通问一派更成了清初以后临济宗弘传的主流。箬庵通问不仅是理安寺的临济宗开法始祖，而且他还在移住理安寺之前也与东明寺有过一年因缘，牵涉进了印乾与通际的人事纠纷之中。

通问（1604—1655），俗姓俞，号箬庵，别号旅泊老人，江苏吴江人。《理安寺志》《正源略集》《五灯全书》《续指月录》等佛教典籍均有其生平记载。他与印乾有相似的身

---

① 《布水台集》，第108—109页。
② 《山茨禅师语录》，第103页。

世，虽出身名门大儒之家，然父亲早亡，母亲含辛茹苦将其养大，望其娶妻生子，光宗耀祖，然而他却辜负了慈母的期望，先是酗酒不自好，16 岁后虽幡悟，但不思功名，只醉心于佛法，常赴磐山寺天隐圆修禅师门下参佛法。24 岁时，为逃婚事，竟然在婚礼前夜悄然从家乡逃至杭州南涧（现九溪杨梅岭）理安寺，拜那里的佛石禅师为师并剃度出家，受了具足戒。不久，又重新回到磐山，与通际、印乾同参于天隐修禅师门下。通问出家后，一直参不透"父母未生前本来面目"这一话头，某日与通际同在山中，五更天突然听到一阵风声过去，疑情顿释，觉得眼前净裸裸的，了无一法，便作偈云："千玄万妙隔重重，个里无私总不容。一种没弦琴上曲，寒崖吹落五更风。"通问因而得天隐修禅师印可成为其嗣法弟子。丙子年（1636）秋，继替已圆寂的佛石禅师住锡理安寺，在那里开启了磐山禅风。明清鼎革之际，通问不辞辛劳，先后移住华亭、京口、金山等地重拾因战乱而毁的寺院，宗风因此渐披大江南北。顺治乙未年（1655）夏天，已回磐山继任方丈的通问，将所有器皿，各手书信函一份分送诸方道友作为遗念后，杖锡出游，至武康报恩寺扫先师塔，会晤通琇托付法门大事。该年九月二十七日，行至吴江应天寺，如期坐化。弟子们遵遗嘱将其归葬理安寺其生前自建的寿塔中。通问阅世 52 载，僧腊 27 夏。著有《续灯存稿》，并有《语录》十二卷、《磐室后录》一卷存世。

通问是一个善于退让的人，即便是与师长、同门师兄弟禅机对话，也是常常以守为攻，却反而抢尽先机。据《续指月录》卷十九记载，通问与山茨通际就有过如下禅机交锋：

通际问："释迦掩室，净名默然，尽属化门边事。不落今事，请师道一句。"（意思是说：释迦牟尼遁入空门，悄然无声；维摩诘居士向诸菩萨示不二法门，默然无语，这些都是化外他国的往事了，但同样也合乎此地今时。你怎么看？）

通问答："未问以前答了也。"（在你未问以前我就已经回答了。）

通际追问："阿谁证明？"（谁能证明呢？）

通问答："十字街头廖胡子。"[1]

通问的此种巧妙应答，可谓完美地体现了"禅本无言，言却藏禅"的境界。

1635 年秋，通际受托代师前往东明山继兴东明寺香火，印乾与通问则留在报恩寺照顾病重的师父。此时，天隐修禅师自觉来日无多，便再三委托通问掌管报恩寺院务，但通问却力辞不就，将嗣法报恩寺的机会让给了年仅 21 岁的师弟玉林通琇。九月，天隐修禅师圆寂，通问便与印乾一起云游至东明寺，两人都被山茨通际挽留，以图共济复兴东明寺的伟业。

---

① 《续指月录》，第 433 页。

起初，兄弟三人各尽所能，通际以住持之职统管东明寺事务，印乾则利用自己在杭嘉湖地区的交游关系化缘集资，而通问则坚持退让的本色，专心事佛。不久，东明寺复兴便有了起色。1636年立春，东明寺僧众祭扫祖师慧旵禅师塔，场面颇为融洽。先是通际拈香拜曰："这老汉，二百年来，在此藏身，人天罔知，佛祖难近。今日脚下儿孙到来，亲遭看破。且道以何为验？顾左右插香。"[①] 而通问则连赋二首偈语，曰：

其一

多年铁脊冷云阿，寥落空山窣堵波。
正值雪消残腊候，春风依旧上藤萝。

其二

拄杖松间倚徙看，白云流水绕晴峦。
分明一句酬恩语，九拜风前彻底寒。[②]

临济宗第三十一代儿孙们在"白云""流水""春风""晴峦"的氛围下，祭扫东明寺初代方丈之塔，一派和气景象。然而，好景不长。先是通问"缚茅山后"，在东明寺后山搭屋另居。尔后，印乾也"复去山后数舍，缚屋而居"。再后来，大概

① 《山茨禅师语录》，第1页。
② 同上，第120—121页。

是为了调和兄弟间的矛盾，通问又发扬退让精神，在东明寺张榜曰"死心事翁遗景，期毕心丧，不失古人庐塔之意"①，声明自己侍奉师父圆寂，已经心丧，专心念佛，以绍继先师们的礼佛精神。这一年秋天，通问的剃度师父佛石禅师在理安寺迁化圆寂，众望所归，通问便接受荐请，前往理安寺开法临济禅宗。这样，通问在东明山住了一年后，便早早离开了尚在复兴中的东明寺。临别前，通际又与通问进行了一次禅机交锋：

　　通际问："十年同学唱，拍板不相离。此去理安，兄还见我否？"
　　通问答："无人处矸额相望。"
　　通际追问："渠无面目，望个甚么？"
　　通问答："草贼大败。"②

　　通问的回答原本充满禅机，"我会在没有人的地方举手额前，恭敬地相望兄长"，但通际却用平常思维，实答实问："那里既然没有我的面目，还望个什么？"于是，通问套用了一句禅机交锋的惯用语"草贼大败"，结束了交锋，意即：

① 杜洁祥：《中国佛寺史志汇刊》（第1辑）第21册《武林理安寺志》，台北明文书局，1980年，第217页。
②《续指月录》，第433页。

你像个草贼，败在了我的手下。

通问人虽然离开了东明山，不过，他仍然心寄东明寺复兴之事，且感情上是偏向于嫡堂师弟通际的。当他听说印乾和通际龃龉不和，相继离开东明寺后，便立即遣通际的弟子尔瞻、玄慈二人追寻通际至江西大雄峰，写信力劝通际回杭继续掌管东明寺。无奈通际已颇具佛家本色，以"无诤"为德，不想再卷入东明寺的是非之中，回信说："万望同众护法，另择贤者主之，则不负弟两载祖庭苦心也。"①

结果，三兄弟各奔东西，先后都离开了东明寺，东明寺的继兴也因此半途而废。然而，他们离开东明寺后，却各自为政，反而如云从龙，道风远播四方。印乾分座京口圣寿寺，通际开山南岳绿萝庵，通问则是开法九溪理安寺，在僧俗两界皆获得了很高的名望。这正好应了一句俗话："一个和尚挑水喝，两个和尚抬水喝，三个和尚没水喝。"所幸印乾、通问、通际兄弟三人都不忘禅家以"无诤"为德，先后主动退出了在东明寺的名位之争。

尤其是通问的善于退让更值得一书：由于他的退让，成就了其师弟玉林通琇，少年得志，成为名震天下的一代国师；由于他的退让，客观上促使印乾和通际放弃了东明寺的名位之争，从而各自开辟了新的佛门洞天，弘扬临济禅风；也正是他的此种退让品格，使自己赢得僧众敬重，被荐往理安

---

① 《山茨禅师语录》，第59页。

寺嗣法住持，在那里开法临济禅宗，并将其宗脉发展成了清代临济宗的主流。而对于东明寺而言，此兄弟三人的退让，为后来孤云行鉴禅师完成复兴东明寺的大业提供了良好的契机。如此说来，"三个和尚没水喝"，悲乎？幸乎？依然是一则难说的公案。

第七章 溯流寻源归东明

　　世人一般以为,佛门乃清净之地,《百丈清规》中也说:"是非以不辩为解脱。"然而,事实上,佛门僧徒的许多行为与其说教是不相符的。譬如,禅宗自达摩以袈裟为信物传至五祖弘忍以后,因该袈裟的去向不明,便生出了弘忍究竟是传位给了神秀还是慧能的争议,因之也有了南北宗之分。加拿大学者王景琳、徐匋撰文《〈坛经〉与禅宗六祖》指出:其实,弘忍认可的禅宗六祖既不是神秀,也不是慧能,而是行事低调的法如禅师,"这不仅在神秀和慧能在世时没有任何异议,而且是得到了当时少林寺僧众或者说是僧俗两界认可的"。[①]看来,"不辩"虽然能求得个人的精神解脱,但并不能明了是非曲直。慧皎和尚有言:"自前代所撰,多曰名僧。然名者本实之宾也。若实行潜光,则高而不名;寡德适时,则名而不高。"[②]也就是说,想要成为名扬千古的高僧大德,既不能像法如禅师那样低调"潜光",但也不能因为名利而迎合世俗。东明寺传灯史上,就出现过两次因住持重新编排传

---

① 王景琳、徐匋:《〈坛经〉与禅宗六祖》,《文史知识》2012年第7期,第27—35页。
② (南朝梁)慧皎:《高僧传》,中华书局,1992年,第525页。

宗演字这样的非"潜光"行为，而使住持本人成为临济宗某一支脉的祖师爷。其中一次，就是山茨通际禅师所为。

如前几章所述，1635 年秋，通际代师接受黄端伯、唐元竑等居士的邀请，上东明山，准备复兴东明香火。是年，通际虽年仅 27 岁，但犹如当年初出茅庐的诸葛亮，新官上任三把火，短时间内便使东明寺香火初旺。第一把"火"：在师兄印乾的帮助下，向杭嘉湖士绅募捐，修整禅院建筑，两年后，"规制稍就，粗成旧观"；第二把"火"：收罗寺院内文献遗存，编写刻印了《东明昆祖遗录》等典籍，向缁素两界宏报了东明寺于临济宗之继兴的祖庭地位；第三把"火"：广收门徒，弘扬佛法。

从相关史料看，通际上东明山后所招收的第一个弟子应该是容止量禅师。容止（？—1672），俗姓王，法名量，字容止，江苏兴化人。《续指月录·尊宿集》曰：

（容止量禅师）参山茨际和尚于东明。

际问曰："汝是何乡人？"

师曰："江北。"

际曰："可曾带得乡里物来么？"

师竖起拳头。

际曰："我不识这是甚么东西。"

师曰："非但和尚不识，三世诸佛亦不识。"

际曰："不识个甚么？"

师一喝，际便打。

师拂袖曰："今日识破这老汉。"[1]

容止因此得法，去了徐州龙山寺担任住持。康熙壬子（1672）年，忽然示众曰："吾行矣。"言毕，泊然而逝。

原本，东明寺法脉传至幻有正传禅师，开始采用闽中雪峰祖定禅师所规定的临济宗演派传灯二十字，曰："祖道戒定宗，方广正圆通。行超明实际，了达悟真空。"[2]于是，就有了后来与东明寺有紧密关联的密云圆悟、天隐圆修、山茨通际、箬庵通问、孤云行鉴、愚山超藏、无尘超顺等以"圆、通、行、超"字演派的禅师辈出。然而，鉴于东明寺在临济宗继兴的祖庭地位，通际在送走容止量后，便重新拟定了一个演派法偈二十字，曰："通达本来法，宏开祖道隆。慧灯恒永照，证悟了无穷。"[3]希望从自己的"通"字起，能将东明祖灯代代相传，以至无穷。从此，通际所收弟子都以"达"字取法名，如"达尊""达谦""达刍""达刚""达旨"等等，《五灯全书》卷八十一有他们的传记。其中，达尊、

---

① 蓝吉富：《禅宗全书》，第1115页。

② 宽忍：《佛教手册》，北京：中国文史出版社，2001年，第67页。据该书作者详列，临济宗辈分演派偈句竟多达62种，可见山茨通际以自己为宗拟传法脉的意图在临济宗内并非个别现象。

③ 《山茨禅师语录》，第77页。

达谦两位禅师就是通际在离开东明山之前所收的弟子，是《南岳山茨际禅师语录》的主编者。

达尊（1608—1663），俗姓唐，浙江鄞县人，法字尔瞻。他自幼即皈心三宝，稍长，痛感世事无常，时常生出厌世之念，欲出家终不得父母许可。父母为其议婚，也被其再三力拒。机缘巧合，有一天早晨，他刚出门，就在家旁发现了一些被人遗弃的蒲团、戒衣等佛家用具，他如获至宝，窃喜道："天授我也。"于是，与家人不辞而别，来到福泉山，礼拜圜明禅师，请求为其剃度，虽然其父兄闻讯追至，但见其决心已定，也只好悲叹而去。在福泉山修行三年后，达尊开始云游参学，先是参天童圆悟师祖，得棒喝醒悟后，于崇祯乙亥（1635）冬受具足戒，是年28岁。在圆悟师祖处亲炙一年后，又云游参学于金粟乘禅师和弁山雪禅师以及杭州理安寺等处名宿高僧。过后，终于来到东明山，参见通际禅师，言下了然，于是矢志亲依。1638年春，因与师兄印乾不和，通际离东明山而去，远赴南岳创建绿萝庵，达尊追至。当通际离开绿萝赴浏阳南源禅寺开法时，将绿萝庵托付给了达尊，达尊因而嗣法继驻绿萝。通际为此专门给达尊留下文书《与尔瞻尊徒》，勉励徒弟说："吾徒参随岁久，操履颇洽。今既受托继居绿萝，刀耕火种，固是衲僧保养德业良策。第名山大泽，往来者众，无论贤愚，当以至诚不等待之，不得贤者亲而愚者疏。恐世贤者寡，愚者多；所亲者少，所疏者众。

先圣有云：'巧梓顺轮桷之用，枉直无废材；良御适险易之宜，驽骥无失性。'吾徒其思勉之。"[1] 进而付法偈，曰：

示尔瞻尊徒住庵

> 侍吾经五载，契合在机先。
>
> 从上宗乘事，透彻已无言。
>
> 此去居空谷，刀耕火种便。
>
> 郑重坚操志，慧命赖持传。[2]

一年后，达尊出主浏阳石霜寺。在石霜寺，达尊礼扫楚圆慈明（987—1040）禅师祖塔，谨记乃师的教导，努力提携后学，相继修复僧堂方丈，使这座始创于唐代的名刹得以中兴。其间，达尊曾示众曰："过去已过去，未来亦莫算。现在本无住，十方俱坐断。"[3]康熙癸卯年（1663），预知自己寿限将至的达尊刚刚为自己营造完寿塔，便疾病发作，于九月初一日断食，结跏趺圆寂。达尊文才尤佳，撰有《石霜录》，在重修圆祖塔，请师叔木陈道忞（即山翁道忞）撰写重修塔记时，顺便请其为《石霜录》作序。道忞禅师阅罢《石霜录》，击节叹赏道："此龙池幻老人下'行'字辈中第一

---

① 《山茨禅师语录》，第68页。
② 同上，第75页。
③ 蓝吉富：《禅宗全书》，第1664页。

翘楚也。"①

达谦（生卒年不详），俗姓林，号玄慈，福建人。自从上东明山后，一直紧随通际参禅，历安溪东明寺、南岳绿萝庵、浏阳南源寺等，得通际心印后开法黄陂旷山寺。达谦尤其强调棒喝开悟。一日，达谦对众僧徒说；"有不避危险的吗？"一僧大胆出列，达谦举杖便打，僧头裂，然而此僧泰然道："某甲与和尚相见了也。"达谦又打，边打边喝："直下承当，棒头有眼。钝钢打就，生铁铸成。有意气时添意气，不风流处也风流。"有僧人向其请教："如何是旷山境？"达谦答道："明月涓涓，流水潺潺。"僧又问："如何是境中人？"达谦答曰："灰头土脸。"僧继续追问："如何是和尚为人处？"达谦不答，举杖便打。

相较于达尊的详传，《五灯全书》所述达谦事迹仅以上寥寥几句而已，可见，其法兄达尊为同辈中"第一翘楚"之誉不假。不过，值得注意的是，当木陈道忞在赞誉达尊时，并没有以通际新定的演派偈将其排入"达"字辈，而是将他重新归入了雪峰祖定禅师所定二十字之"行"字辈中，称其为"行"字辈中第一翘楚。事实上，通际所定的演派法偈只传了一代后就"断流"了。无独有偶，临济下三十一世，除通际以外，玉林通琇、箬庵通问、木陈道忞等都自定过新的演派法偈，除个别以外，大多都不甚了了。

①蓝吉富：《禅宗全书》，第 1665 页。

例如，箬庵通问离开东明寺前往理安寺开法后，像通际一样，广招门徒，也制定过一个 16 字的演派法偈，曰："圆通大法，顿越真常。悟祖超师，慧灯永照。"[①]不过，生性内敛谦让的通问并没以自己的"通"字起派传代，而是以乃师天隐圆修、密云圆悟的"圆"字辈为宗祖开始演派法子法孙。查《理安寺志》可知，这个演派法偈似乎也没有真正启用。例如，为通问写行状的理安寺门人法名就叫"行策"，通问后的理安寺历代住持、临济正宗第三十二代基本也都以"行"字取法名，如第二任住持晓庵行昱、第三任住持梅谷行悦、第四任住持济水行洸、第五任住持天笠行珍等等，都带有一个"行"字。十年之后，通问移住润州（今江苏镇江）金山江天寺，性情变得愈加淡泊宁静，无所希求，随遇而安，自号"旅泊老人"。在那里，他完全放弃了自己的演派法偈，而回归到了雪峰祖定所定的"祖道戒定宗，方广正圆通。行超明实际，了达悟真空"的法偈传承。是故，传其法脉的镇江金山寺、常州天宁寺此后皆以此法偈演派法子法孙。

金山寺系衍生如下：箬庵通问——铁舟行海——法乳超乐——量闻明铨、月潭明达——大晓实彻——天涛际云——六益了谦——沧海达慧——不空悟圆、正一悟明、志学悟通——广慧真济……；天宁寺系衍生如下：大晓实彻——纳

---

① （清）守一空成：《诸家宗派》，蓝吉富《禅宗全书》28，第 225 页。

川际海——净德了月——恒赞达如——雪岩悟洁——普能真嵩、定念真禅……[1] 目前，台湾佛光山星云法师给门人付法的法卷其所列"摄山栖霞寺佛祖源流"前半段采用的也是这个演派法脉。

　　然而，当金山寺法脉演派到了"空"字辈时，继续招徒纳孙就将面临无字可演的局面。于是，宗门论说纷纭，有人主张以同一法偈从"祖"字起重新轮回演派，有人主张制定一个新的法偈，也有人主张以龙山祖派续脉。此时，金山寺的志学悟通禅师适时撰写了一篇《溯流寻源图记》，提出了一个令人耳目一新的主张。文章首先阐述了祖定禅师所立演派二十字的来历以及即将演尽的困境，曰：

　　"祖道戒定宗，方广正圆通，行超明实际，了达悟真空。"此乃碧峰禅师下祖定禅师入闽住雪峰寺，从雪峰下第四十七"祖"字起另立一支，计二十字，并非临济本宗演出。及至幻有传祖下，杰出天童悟、磬山修二支，方用起"圆"字，以延今日。目下"空"字将完，众论不一。有的要用龙山祖派，有的要另立一支，然而终非至当。吾宗诸大宗匠互兴衍唱，当思木本水源，务求其实，自有正宗正派，则源远流长，不致祖牒混淆，得归正朔。余非臆见，愿诸高明谅之。若谓门庭热闹，各出己见者，我亦未如之何。故名之曰"溯流寻源"。

---

[1] 林虑山：《蒙堂随笔》，《现代佛学》1960年第7期，第34页。

紧接着，志学悟通引出了其认为是临济正宗的演派法偈，如下：

"普永智广弘胜德，净慧圆明正法兴。性海澄清显密印，大乘妙道悟心灯。佛恩浩满流芳远，祖行超宗续嗣深。戒定弥坚通义理，规成谨守镇常新。翼善昌荣因达本，祯祥隆盛复传增。功勋寂照融真际，宝镜高悬体用亲。饶益灵文舒景秀，信持玄记济时珍。了然无际空诸幻，觉树开敷果自馨。"此系济临[1]正宗第二十四世海舟永慈禅师演出，计一百一十二字。从海祖"普"字辈起，"普"字与"戒"字同辈，从"戒"字到"空"字，与海祖澄清"清"字同辈。冀诸后贤，但"了达悟真空"字完，即从海祖显密印"显"字起。是为临济正宗正派矣。[2]

志学悟通，生卒年不详，大约18世纪末19世纪初在世。俗姓孙，字志学，号幻夫，江苏常州江阴人。8岁就出家于

---

[1] 原文有误，应该是"临济"。

[2] （清）志学悟通：《溯流寻源图记》，杜吉祥《中国佛教史志汇刊》第1辑第35册《武进天宁寺志》，第351页。该文亦见《志学通语录》第九卷，其中"了然无际空诸幻"中的"际"字，与"功勋寂照融真际"之"际"字重复，依《百丈清规证义记》当为"继"字，而依北京大觉禅寺清道光二十二年（1842）的《大清京都西直门外笑祖塔院反本寻源归复临济正宗碑记》，则应该是"迹"字。

江阴定山双林庵，自幼机辩无碍，读书有夙慧。嗣法金山寺沧海达慧禅师，于1812年前后开始执掌金山寺。在出任金山寺方丈前，志学已经因金山寺与宝晋书院的"沙洲争讼"案而名扬天下。[1]江南蒋家约有八千八百五十四亩沙地，是宝晋书院和金山寺在江边开发的滩涂，后因产权纠纷，书院与寺院发生械斗而引发命案，逐级上告，惊动朝野，最后于嘉庆十四年（1809）皇帝下旨才得以平息。江苏按察使因办此案不力被连降三级，相关府县官员因包庇罪犯而皆被革职。金山寺在此案中虽然名义上最终获胜，但清政府为防止两家今后再次发生纠纷，却也"渔翁得利"，将蒋家沙洲这块近九千亩的土地充公，出租给佃农，每年分给金山寺和宝晋书院各一千两银租金了事。[2]释秋崖《续金山志》因此赞誉志学悟通曰："时常住有沙洲争讼，流离困苦，勇往直前，只知有常住，不知有身。僧众赖之安禅。"[3]

道光三年（1823），杭州真寂寺源供仪润禅师为《百丈清规》注疏，刊印了《百丈清规证义记》十卷，内中在注释"付法"条目时，从《志学通禅师语录》中引录了他的《溯流寻

---

[1] 水月斋主人：《禅宗师承记》，台湾圆明出版社，2002年，第738页。

[2] 唐荣智：《世界法学名人词典》，立信会计出版社，2002年，第280页。

[3] （清）释秋崖：《续金山志》，《中国佛教史志汇刊》第1辑第38、39册，第252页。

源图记》，内容虽稍有出入，但大体不变。不过，对末段的辈分对应作了重要更改。曰："此颂一百一十二字，从海舟慈祖'永'字辈，与碧峰派'定'字同辈；从'定'字到'空'字与此颂'清'字同辈。冀后贤于'了达悟真空'字完，即从此颂显密印'显'字起，是为临济正宗正派，不须赘述及另立等。若从先祖旁出诸支，已另有法派偈，当知自派某字辈，悬与此正宗派某字辈同，则溯流寻源，不致舛讹矣。"[1]这一改动，虽然自海舟慈祖后的字辈对应未变，将原文中的"海祖'普'字辈"改成了"海舟慈祖'永'字辈"，这个"永"字似乎也对应上了海舟永慈的名号，然而，也使得后人更难明了此演派法偈制定者海舟永慈禅师究竟是将自己定为了始祖，还是二祖？更要命的是，无论是志学悟通，还是源供仪润，两者都没有说明海舟永慈的这个演派法偈出自何处，启用自何时。此前的所有佛教史籍似乎也都没有相关的记载和叙述，真不知他们是从哪里找来的这条法偈。

此后，金山寺、天宁寺没等演派至"了达悟真空"之"空"字用完，就直接从海舟永慈此项法偈的"清"字开始为新徒取法名。金山寺自广慈真济禅师后，道华清登、月溪显谛、观心显慧、隐儒密藏、融通印彻等次第继住；天宁寺自定念真禅禅师之后，冶开清镕、真光清宗、月霞显殊、持颂密林

---

[1]（清）释仪润：《百丈清规证义记》，《新编续藏经》第111册，新文丰出版公司，1994年，第823—824页。

等相继传灯，"清""显""密""印"等字即是依了海舟永慈所演一百一十二字中的"性海澄清显密印"句。

众所周知，镇江金山寺、常州天宁寺、扬州高旻寺和宁波天童寺是当时禅宗的四大丛林，金山寺、天宁寺所用演派法偈势必会对其他禅宗寺庙产生影响，甚至还会左右朝廷的佛教主管部门"僧录司"。19世纪三四十年代，北京地区的临济宗禅寺同样也面临传法演派即将无字可用的局面，于是，临济正宗第三十七世了信禅师在道光二十二年（1842）召集云居寺、大觉寺、柏林寺等32座禅寺的同宗长老再三商议，一致决定："凡我同宗诸后贤至'空'字以下，宜即从海祖永慈禅师所衍'性海澄清显密印'之'显'字起，是仍归复临济正宗正派矣。"①

了信禅师时任钦命管理僧录司事务正堂万善殿住持，在北京诸同宗作出"归复临济正宗正派"的决议后，他于同年四月撰写了一篇《大清京都西直门外笑祖塔院反本寻源归复临济正宗碑记》，并在临济宗第二十八世笑岩德宝的塔院题刻立碑。碑记的内容主旨与志学通禅师的《溯流寻源图记》大体相同，甚至结尾所用语句也差不多，曰："信与诸同宗再三商酌，意见皆同，爰书此以垂后世法，而非信一人之臆断，愿诸宗派诸后贤谅之。若谓门庭热闹因而各出己见，另立支

① 孙荣芬、张蕴芬、宣立品：《大觉禅寺》，北京出版社，2006年，第96—97页。

派，致涉歧途，信亦未如之何也。"①不过，碑文明确指出，海舟永慈的演派法偈此前曾已失传，是近期才寻找到的。其首段文字如下：

盖闻事有终始，水远必寻夫源；理寓循环，人穷则反其本。吾宗支派，向用祖定禅师演出之二十字，相沿既久，传袭至今。目下字数已完，而继世者莫知祖述。承吾宗诸大宗匠，折衷于信，因思传教修德，务须反本寻源。旧有海祖永慈禅师衍出一百一十二字，煌煌训典，前世失传，与其舍旧而图新，孰若诎今而述古，于是商诸宗派，从兹绪复真传，庶几源远而流自长，支清而宗得正也。②

了信禅师同样也没有说明是从哪里重新找到了这个"前世失传"的演派法偈，更令人疑惑的是，碑记中的一百一十二字法偈虽意思基本相同，然而用字与《溯流寻源图记》中的却几乎每句都有差异，特录如下：

普永智朗宏胜德，净慧缘冥正法兴。性海澄清显密印，大乘元妙会心灯。佛恩浩化流芳远，继述长修续嗣深。志愿

---

① 《大觉禅寺》，第97页。
② 云桂荣：《云居寺贞石录》，北京燕山出版社，2008年，第156页。

弥坚参义理，规成谨守镇常新。翼善昌荣因本立，贞祥隆盛复传增。功勋寂照光华蕴，宝镜高悬体用亲。饶益灵文舒景秀，信持静业济时珍。邈然无迹诚诸幻，觉树开敷果自馨。①

　　按理说，演派法偈应该是极为严谨的，每一个汉字将代表一代法子法孙的辈分，岂可随意演绎修改？

　　也许是因为传灯的实际需要，加之了信禅师的僧官地位，他的这篇《反本寻源归复临济正宗碑记》在咸丰元年（1851）被陕西大兴善寺重刻立碑，同治三年（1864）又被北京房山云居寺重刻，碑文文字除镌刻立碑人员及落款年月外，与笑祖塔院的完全相同，足见此演派法偈是被当时北方地区许多临济宗禅院所认可的。②

　　至光绪十六年（1890），吴中南禅沙门守一空成重编刊印了《诸家宗派》，书中收集了绝大部分临济正宗以及各支各派的演派法偈。其中关于海舟永慈的上述法偈，用的是志学通禅师《溯流寻源图记》的版本。不过，第一句为"普永智广宏胜德"而非"普永智广弘胜德"，且曰："临济下二十五世东明海舟永慈禅师演派一百十二字……现今箬庵通

----

① 《云居寺贞石录》，第 156—157 页。
② 《大觉禅寺》，第 97—98 页。陕西《大兴善寺法派碑记》和北京云居寺《反本寻源归复临济正宗碑》内容，参见王亚荣《大兴禅寺》第 170—171 页（三秦出版社，1986 年）和云桂荣《云居寺贞石录》第 156—157 页。

问禅师下各家均从‘空’字改换此派‘清’字起。”[1]该句中的“二十五世”以及“东明”等字样非常值得我们注意。因为依传统典籍，虽然嗣法临济正宗二十三世东明寺虚白慧旵禅师的究竟是海舟普慈还是海舟永慈，存在争议，但开法南京翼善禅寺的海舟永慈乃临济正宗第二十四世，却是为绝大多数文献所公认的。然而，到了守一空成这里，却变成了第二十五世，原因何在？守一空成没有说明。笔者估计答案就在演派法偈的首句“普永智广宏胜德”上。既然是海舟永慈的演派法偈，那么其中的“永”字是代表其本人，而其上一代理论上则为前一个字的“普”字辈，但虚白慧旵禅师却是临济正宗第二十二世“普”字辈宝藏普持禅师的嗣法弟子，这个“普”字所指必定不是虚白慧旵，也非宝藏普持，唯一的可能就是指另一位海舟禅师，即海舟普慈。如笔者在本书第四章所考，《五灯会元续略》等文献都曾记载，海舟普慈曾嗣法万峰和尚，是宝藏普持同参，后又于1441年到东明寺接了法侄虚白慧旵的衣钵，而身在南京翼善寺的海舟永慈直到海舟普慈圆寂后第二年（1451），才收到东明山传宗的付法与袈裟。所以，从持有传宗信物“衣法”的时间上推算，次序为虚白慧旵（二十三世）——海舟普慈——海舟永慈，海舟永慈的传人乃宝峰智暄，这样，就对应上了“普永智广宏胜德”之“普永智”的演派排序，因而，守一空成就将海

① （清）守一空成：《诸家宗派》，《禅宗全书》28，第223页。

舟普慈视作了临济第二十四世，海舟永慈为第二十五世，却忽略了另外一种可能，那就是海舟永慈在制定演派法偈时，将"普慈"和"永慈"作为临济第二十四世共列出两人法名的首字"普"和"永"，于是，便有了"普永智广宏胜德"之句。如是，则海舟普慈和海舟永慈，究竟谁是虚白慧昆的嗣法弟子之争议亦可休矣。

话说回来，守一空成对海舟永慈辈分的这一改，虽然合了海舟永慈的演派法偈，然而，依然与虚白慧昆圆寂后的最直接证物《东明寺虚白慧昆禅师塔铭》并不相符。从塔碑的立碑人排序："觉澄、觉明、觉泉、觉净、觉云、觉圆、觉海、觉真、智林、智诚、智满、智宗、智庚、智鉴、智茂"来看，显然，慧昆禅师之后的临济传人先是"觉"字辈，后是"智"字辈，"智"字辈之前，与"普""永"皆无瓜葛，那么何来"普永智广宏胜德"之说呢？更何况海舟永慈的法孙乃天琦本瑞，法名中也没有"普永智广"的"广"字。这不免使人产生怀疑，海舟永慈真的启用过此一百一十二字的演派法偈吗？它在19世纪初是怎样被人们失而复得的呢？为何志学悟通抄录的这个演派法偈与了信和尚抄录的会有如此大的差异呢？这成了与东明寺相关的又一大不解之谜。

当然，无论这个演派法偈是真是伪，东明寺于临济正宗正派的祖庭地位却也因志学悟通、了信禅师的"反本寻源"而在19世纪再一次得到了临济宗门的确认，甚至到了19、

20世纪交替之际，比东明寺更早的临济宗中兴祖庭天目山也开始启用海舟永慈的演派法偈。据临济四十五世东天目祖山中兴第五代住持慈寿松华禅师的《东天目山志》记载，东天目山昭明寺原用临济下三十一世常熟三峰寺汉月法藏禅师的演派三十二字："法宏济上，德重律仪，教扩顿圆，行尊慈忍，参须实悟，养合相应，后得深渊，永传光灿"，但鉴于许多临济宗禅寺都开始改用海舟永慈的演派法偈，为重振宗风，他也决定跟进，从自己的"慈"字辈起与海舟演派法偈的"大乘妙道悟心灯"之"大"字相合并，曰："诸家首唱于前，东目随和于后，欲宗风而振者，踵祖派而行焉。以临济第四十五世三峰派'慈'字与海祖派'大'字并，四十六世三峰派'忍'字与海祖派'乘'字并，四十七世遵海祖派'妙'字，四十八世'道'字，'悟心灯'接传云云。"[1]他附录的"海舟慈祖派一百十二字"采用的是志学悟通《溯流寻源图记》的版本。天目山在元代曾经出过临济宗祖高峰原妙、中峰明本等著名禅师，两个海舟慈的同参月江觉净也曾在东西天目间参禅数年，清朝末年，东天目山重新启用海舟永慈的这个演派法偈传灯，称得上是名副其实的"反本寻源"了。

　　禅宗虽然主张不立文字，然而事实上，历代禅宗高僧的语录可谓汗牛充栋，其各自释禅的"方便"即使称不上"百花齐放、百家争鸣"，也是"一花五叶春满园"。发展到明

---

① 慈寿松华：《东天目山志》，杭州文粹印局，1904年，第65页。

末清初，更是旁枝歧出，宗派林立，无怪乎山茨通际等禅师在力图重振东明道场时，欲借东明祖庭之地位而制定新的宗门演派法偈。清朝中期以后，禅门多数式微，惟箬庵通问禅师的法脉可谓一枝独秀，至嘉庆年间，遇到了原有演派用字即将完毕的尴尬局面。于是，东明禅寺继兴临济正宗的历史再一次引起了人们的关注，以海舟永慈禅师为宗祖的临济演派法偈被许多禅寺启用并沿袭至今，这相比东明寺本身的落寞萧条，终归也是一件幸事。

第八章　三岁孩童虽道得　八十老翁行不得

东明寺开法始祖虚白慧昆圆寂后，除了其门人在东明寺东南侧山麓建了塔院、灵骨塔以外，西湖北山凤林寺也为其建了爪发衣钵塔。据近代高僧太虚大师《鸟窠禅师塔院重建碑》记载：凤林寺，唐鸟窠禅师始建，初名定业院，又名喜鹊寺，明太祖时赐名凤林。白居易任杭州太守时，曾向鸟窠禅师请教佛法宗旨。禅师答曰："诸恶莫作，众善奉行。"太守听后曰："三岁孩童也解恁么道。"禅师曰："三岁孩童虽道得，八十老翁行不得。"[①]确实，人生的修行，知易行难，与东明寺发展相关的一些文人、居士，甚至高僧大德也有知行难以合一的行迹，其可举者，首例当属替皇帝为东明寺题额的书画家朱寅。

关于朱寅，《新美术》刊载过署名彭飞的文章《朱孔旸生平及其〈湘江烟雨图〉考释》。该文主要依据朱寅的同僚李时勉（1374—1450）所撰《顺天府丞朱公墓志铭》，对北京故宫博物院所藏《湘江烟雨图》的作者朱孔旸之生平及其人品作了考释。2000年，文物出版社与浙江人民美术出版

---

① 太虚：《太虚大师全书》第33卷，宗教文化出版社，2005年，第121—122页。

社联合出版的《中国绘画全集》收入了《湘江烟雨图》，在图下配了这样的说明，曰："朱孔阳，画史不见记载，只见朱孔旸之姓名……是否同一人，录以待考。"彭飞对此提出疑问，并给出答案说：朱孔阳（旸），亦名寅，字孔旸，别号雪庭，华亭（今上海松江）人；"其实，朱孔阳与朱孔旸是同一个人。主要是由于'阳'字的写法不同而导致讹误，正确的写法应为'朱孔旸'"；"所钤'孔旸'（'旸'应为'旸'的篆体）、'雪庭'二印分别为其字和别号。朱孔旸与朱孔阳（旸）实际上是同一个人"。①

　　无独有偶，湛潜所编《东明寺志》中有两处涉及朱寅，但也都以其字出现，且与《湘江烟雨图》所牵出的争议一样，变成了"朱孔旸"与"朱孔阳"两个貌似不同的翰林。第一处出现在卷上对东明寺建筑物的描述中，曰"天王殿：敕赐寺额在焉。吏部郎中翰林侍书朱孔旸书"②；第二处出现在卷下《东明慧旵禅师塔铭》结尾落款处，曰"中顺大夫京府丞前翰林编修东吴朱孔阳书"③。笔者仔细研读《顺天府丞朱公墓志铭》（四库本《古廉文集》卷十）所记墓主的经历后发现，《东明寺志》中出现的"朱孔旸"与"朱孔阳"，实际上也是同一个人，他就是《湘江烟雨图》的作者朱寅。

---

① 彭飞：《朱孔旸生平及其〈湘江烟雨图〉考释》，《新美术》2011 年第 3 期，第 40—42 页。
② 《东明寺志》，第 168 页。
③ 同上，第 329 页。

不过，"昜"字是后人对"昜"字的误读误刻，"昜"与"易"是两个不同的字。《洪武正韵》一直被视为整个明朝的正字规范，它对于这两个字的不同，有过明确的解释，曰："昜：古阳字，日也。又与旸同。《广韵》飞也。又曲昜县，在交趾，从旦从勿，与易不同，易从日从勿。"[1]

考时任内阁首辅杨士奇《东里续集》可知，朱寅是明朝历史上第一个因擅长书法而被皇帝赏识，破格选授为中书舍人的书生，北京皇城宫门的牓书皆出自其手。他自永乐十年（1412）起，历永乐、宣德、正统三朝，累官至顺天府丞，所以《明英宗正统实录》等文献多有关于朱寅的记载。如卷八十四正统六年（1441）十月壬辰条曰："升行在通政司右参议朱孔昜为顺天府府丞，仍于内府书办。"[2] 卷一百二十六正统十年（1445）二月己未条曰："顺天府府丞朱孔昜以上尝召之至文华殿观宸翰，命书'龙凤龟麟'四字，至是并书《心箴》一篇进呈。赐钞一千贯。"[3] 可见，朱寅在世时就以其字"孔昜"行于世，其大名反而被人们忽略了。朱寅与杭州也很有缘，他不仅为东明寺书写过御赐匾额，以及由胡濙撰文的《东明慧旵禅师塔铭》，而且还为位于凤凰

---

[1] （明）吴沉：《洪武正韵》（八十韵本），国家图书馆藏本，1379年，卷五，第十五页。
[2] 《明实录》卷八十四，台湾"中研院"历史语言研究所校印，1962年，第1684页。
[3] 同上，第2519页。

山的圣果寺书写了由苗衷撰文的《重建圣果禅寺碑》[1]。因为与时任国子监祭酒李时勉同朝为官多年，所以他死后，李时勉为其写了墓志铭，誉其孝悌有行，虽性抗直而意度潇洒，"能别识古今名画，又善作山水幽趣枯木竹石"。[2] 也许正是这个原因，彭飞根据《湘江烟雨图》中的墨竹风格，评价说："竹，是中国古代文人志趣高洁的象征"；"淡墨画竹叶。用笔潇洒浓重，竹之偃仰、浓淡、疏密有致。这些都与朱氏的个性及其文人的气质是合拍的"；"朱孔旸高洁正直，淡于名利，专志艺事，修身养性，乐于助人，不求回报"。[3] 然而，事实如何呢？李时勉所述朱寅的生年卒日与《明实录》之间的差异告诉了我们一个很有趣的真相。

李时勉所写墓志铭首句云"正统乙丑六月九日，吾友华亭朱公年七十二以没"[4]，以此推算，则朱寅生卒年分别为1374年和1445年。根据该墓志铭，李时勉与朱寅为同年生人，理论上朱寅确实应该生于1374年，所以，在《明英宗正统实录》卷一百三正统八年（1443）夏四月己丑条有记载曰："国子监祭酒李时勉以年至七十乞致仕，上以时勉学行

---

① （清）嵇璜等：《续通志》1，浙江古籍出版社，1988年，第4290页。
② （明）李时勉：《古廉文集》（四库本），浙江大学图书馆藏，第12页。
③ 《朱孔旸生平及其〈湘江烟雨图〉考释》，第40—42页。
④ 《古廉文集》，第10页。

淳正，为诸生样式，不允其去。"[①] 也就是说，1443 年，李时勉年届 70，按规定应该告老还乡了，然而皇帝并没有批准。这一年，朱寅理论上也应当是 70 虚岁，也该退休了，然而，在《明英宗正统实录》该月的庚寅条却记载曰："吏部奏太仆寺少卿崔奎既以年老致仕，又自言守城有劳，显是贪饕禄位，希求留用；顺天府府丞朱孔昜自称年及七十，例应致仕，而其年龄八十矣。俱宜论罪。上优贷之，令任事如故。"[②] 按理，李时勉与朱寅长期在翰林院为同僚，又在同年同月遇到了"致仕"的问题，应该知晓朱寅为了能延迟退休，多享俸禄，而向朝廷谎报了年岁的丑闻。然而，一是由于李时勉生性宽恕待人，二是写墓志铭相当于今天的写悼词，逝者为大，总是要捡好话褒扬逝者，所以在墓志铭中不可能揭示朱孔阳谎报年龄的问题。以《明实录》的记载推算，朱寅实际应生于 1364 年前后，实录所指"其年龄八十"，也许是实数，也许是虚指。

由此看来，彭飞美誉朱寅"高洁正直，淡于名利"的结论是要被打个问号的。以朱寅谎报年龄以"贪饕禄位"的行为，是断然谈不上淡泊名利的。他身为朝廷命官，又多与高僧大德交往，的确该熟知修身养性、看淡名利的道理。他的"孔阳"二字估计就出自《诗经》之"我朱孔阳，为公子裳"句，

---

① 《明实录》，第 2078 页。
② 同上，第 2078—2079 页。

然而，将鲜艳华丽的布料制成漂亮的外衣容易，作为一个善书的翰林，画几支墨竹以示自己的高洁也不难，难就难在言行一致。这岂不正好应了那句"三岁孩童虽道得，八十老翁行不得"吗？

话说回来，我们也许不应苛求朱寅，毕竟他不是无求功名的方外之人，即便是方外僧人，在功德圆满之前，也难免落入世俗的名利之争。且不说前章已述通际与印乾兄弟二人所发生的人事纠纷，就说他俩下山后，孤云禅师上山重振东明寺之际，依然可见名利不远僧人。

1638年春，通问、通际、印乾兄弟三人先后离东明寺而去。继续东明香火的重任遂转入他们的师叔天童圆悟禅师（1566—1624）的法嗣通容禅师门下。

通容（1593—1661），俗姓何，号费隐，祖籍福建福清江阴里。他6岁入乡校熟读孔孟，7岁丧父，12岁殁母，14岁听从星相师"不宜处俗"之言而皈依佛门，先后拜谒博山元来、天童圆悟等禅师为师，在圆悟禅师门下开悟，成为临济宗第三十一世传人，与黄端伯、唐元竑、蔡联璧等文人居士多有交往。他自42岁起，先后住持福州黄檗、海盐金粟、四明天童、杭州径山、桐乡福严等江南名刹，顺治十八年（1661）三月二十九日顺世于福严寺。有《禅宗渔樵集》《丛林两序须知》《祖庭钳锤录》《五灯严统》等著述传世。[①]

---

① 参见（清）王谷仝《福严费隐容禅师纪年录》，徐自强《中

山茨通际离开东明寺时曾叹曰："夫沙门以无净为德。"然而，费隐通容刻刊《五灯严统》，却引起过一段与曹洞宗传人的笔墨官司。

通容从小就角力好胜，出家后也并未全然不关心世事。1644 年甲申之变，崇祯皇帝上吊自杀，通容闻知后，撤正位，尽散钵资，以示哀悼。1645 年，明清更迭，为示抗议，费隐撤正位蒲团，直接坐地参禅，众僧劝止不听，反而怒斥道："汝等若畏死，即束装他往，不可乱我倾听。"[①] 后来，费隐又接受天空禅师邀请退居天目山，策杖遍游天目山众寺院，待时势安定后返回海盐金粟寺。此间，鉴于明朝 300 年间许多禅师语录散失，通容有心编写一本禅宗史书，恰逢曹洞宗门人远门净柱（1601—1654）于 1645 年编出了《五灯会元叙略》四卷。由于作者乃曹洞宗弟子，因而在编纂体例上对曹洞宗有所倾斜，将禅宗青原系置于南岳系前陈述，招致通容的不满。为捍卫自身所属南岳系在临济宗的正统地位，通容便针锋相对，与门人百痴行元（1610—1662）等人一起编写了《五灯严统》，于 1653 年刻印流通。不过，通容的《五灯严统》也是意气用事，矫枉过正，将天皇道悟隶属南岳下，并删去了《五灯会元叙略》所载青原下十八世之机语，此种歪曲史

国历代禅师传记资料汇编 中》，全国图书馆文献缩微复刊中心，1994 年，第 491—520 页。
① 同上，第 503 页。

实的做法立即招致曹洞宗门人的不满，被一纸诉状告至浙江省府。结果，通容败诉，被判《五灯严统》毁板，原书禁止流通。通容本人也被迫离开了其住持的余杭径山寺，避至江苏虞山维摩院和吴江尧峰院等地。最后，又是那位善于退让的理安寺住持箬庵通问出面调停，认为通容著述不够严谨，但曹洞宗僧人也没必要借助官府势力压人，从而缓和了两派的矛盾。至 1657 年，浙江省府终于发文允许通容返回余杭径山再任住持。[①]事虽已至此，倔强的通容不仅没有罢休，而且还一改以往对江山易主的态度，一再写信给在日本弘法的弟子隐元隆琦，以自己的法弟玉林通琇、木陈道忞得顺治皇帝重用为荣，劝隐元回国帮助其弘扬宗门。曾帮助过郑成功反清复明的隐元隆琦一方面婉拒了师父的召唤，另一方面为报师恩，于明历三年（1657）作跋，在日本长崎兴福寺重刻了《五灯严统》。[②]为避人耳目，通容又吩咐隐元分批悄然将该书的和刻本捎回国内流通。其写于庚子年（1660）六月初七日的致隐元信函如下：

　　此地主法者滥觞之极，又不可胜言。幸得今上国主隆重

----

① 关于《五灯严统》诤讼，陈垣、蔡日新、林观潮等近当代学者都有详考，参见《清初僧诤记·〈五灯严统〉诤》《明末清初虎丘禅系》《费隐通容〈五灯严统〉的毁板与日本重刻》等论著。

② 平久保章：《新纂校订隐元全集》，东京：开明书院，1979 年，第 2575—2579 页、第 5229—5230 页。

济宗，自古以来无比。屡召善知识，如报恩玉公、天童木公及法孙憨璞公。相闻亦欲召老僧，不知法契之缘何似，一听之龙天也。老僧在此鼎兴福严……法堂之任，吾徒能为此法席一了之乎？

今后若有书物，切不可寄来，当发身边人自来。《严统》每年得寄数十部此土流行，吾徒德莫大焉。外补遗数章，当依此刻入。切嘱。此土皇上亦已御览，但未见批行。并闻。①

通容门下嗣法弟子众多，因东明寺而名者即孤云行鉴禅师。现今东明寺留有清人张惟赤所撰《东明孤云禅师塔铭》，据该《铭文》以及《金粟寺志》等史料可知孤云禅师生平概略。

孤云行鉴（1608—1661），名行鉴，字孤云，俗姓宋，浙西嘉禾（今嘉兴）人。自小喜独行独坐，19岁弃家，依止嘉兴能仁寺乐隐房了凡宏和尚削发为僧。② 历参白山、密云等禅师后，复参古杭报国院费隐通容开悟，于崇祯十三年（1640）在金粟寺嗣法费隐通容，列临济宗第三十二世传人。

---

① 陈智超、韦祖辉、何龄修：《日本黄檗山万福寺藏旅日高僧隐元中土来往书信录》，中华全国图书馆文献缩微复制中心，1995年，第61—65页。

② 清咸丰、道光年间桐乡郑凤锵所辑《新塍琐志》方外卷云："孤云，镇西南十余里宋番庙人。愚甚，不识一丁，日被其妻凌轹，逃于能仁寺之乐隐房出家。"（见郑凤锵《新塍琐志》方外卷，中国数字方志库（f.wenjinguan.com），北京籍古轩图书数字技术有限公司发行，第1页）

自当年起，因蔡联璧等居士之请，往复住锡钱塘东明寺、宜兴阳羡玉泉寺、溧阳雷山法信寺、湖州吉祥禅院、瀫江万古寺、淮安永宁寺、嘉兴金粟寺，即所谓"七坐道场，说法二十余载，学侣云集"，辛丑（1661）年五月八日酉时因疾圆寂于东明寺，葬于东明塔院。① 有其弟子们为其所编《孤云禅师语录》七卷存世。

孤云接乃师通容之衣钵于海盐金粟寺。金粟寺全称"金粟广慧禅寺"，乃三国时期高僧康僧会初创，相传为浙江最早的寺院。不过，到了明末，因倭寇骚扰等原因，金粟寺已经一片寥落，直至1624年起，密云圆悟禅师出任住持六年后，才得以香火再旺，"大厦崇成，食堂几满万指"②。到1638年，通容受居士蔡联璧邀请继住，金粟寺更是僧众甚多，近千人的吃住成了一个很大的问题。通容只好一面持钵向海宁等处富豪化缘，另一面则接连付法给各弟子，让他们外出自立门户。崇祯十三年（1640）春，孤云鉴与古渊成两位弟子被付法，旋即孤云受蔡联璧之请前往东明寺担纲住持。③

---

① （清）张惟赤：《东明孤云禅师塔铭》，张炳林主编《东明山文化丛书·孤云禅师语录》，上海古籍出版社，2012年，第449—453页。吴定中点校：《重印金粟寺志》，上海古籍出版社，2008年，第60—64页。

② （清）道忞：《明天童密云悟和尚行状》，吴定中点校《密云禅师语录》，上海古籍出版社，2008年，第136页。

③ （清）王谷仝：《福严费隐容禅师纪年录》，《中国历代禅师传记资料汇编 中》，第501页。

　　孤云上东明山后，不负众望，不出三年，便使东明寺"形胜顿还，释纲重维，灵山生色"。[①]此后，孤云名声渐起，一方面不再囿于东明山静修，频频应邀，前往江苏尤其是钱塘江西岸杭嘉湖地区新辟道场，弘扬佛法；另一方面，为配合其祖师天童圆悟和师傅费隐通容、法叔山茨通际等人关于临济宗在东明寺的传承法脉次序是"东明慧旵——海舟普慈——宝峰明瑄"的主张，于1653年前往金粟寺担任住持之前，修葺了东明塔院，并于该年二月份请费隐禅师题写了修葺东明旵、海舟慈、宝峰瑄三远祖塔的偈语。[②]此前，费隐通容曾二上东明山礼拜祖塔。据费隐通容年谱，崇祯十六年（1643），是年51岁的费隐通容曾到东明山礼祭三位远祖塔。[③]顺治三年（1646）春，费隐通容再上东明山，"礼东明旵、海舟慈、宝峰瑄三祖塔"。[④]关于孤云修葺东明塔院后的状况，释智楷所撰《正名录》（刊行于1694年）中印有一张经实地勘察后所画的《东明寺左东明塔院祖塔图》（见书前插图）[⑤]，里面除了"明开山东明旵祖师塔"，其左边塔罗城内有五座塔，自西向东依次为两座无名塔、"明

---

① 《东明孤云禅师塔铭》，第450页。
② 《福严费隐容禅师纪年录》，第508页。
③ 同上，第503页。
④ 《东明寺志》，第55页。
⑤ （清）智楷：《正名录》，《禅宗全书》35，台湾文殊文化有限公司，1988年，第204页。

当山海舟慈祖师塔""'塔面题名铲去殆尽'塔"和"东明普同之塔",唯独不见第三祖"宝峰瑄"之塔。然而,在山茨通际住持东明寺时有此塔,费隐通容礼三祖塔时亦有此塔,孤云的同辈、圆修禅师的嗣法嫡孙山晓本皙禅师(1620—1688)踏察东明寺后所撰《崇正录》里更是明确记载有此塔,言昆师骨身塔左有法嗣海舟永慈衣钵塔,塔旁有法嗣宝峰瑄塔,并指出宝峰之名并非"明瑄",乃"智暗"耳。[1]那么,那座"塔面题名铲去殆尽"之塔无疑就是东明第三祖"宝峰瑄"之塔了。孤云禅师修葺三祖塔时,已经是清朝,塔面上题名冠以前朝国号"明"字无可非议,但他在海舟慈塔题名上又加上了"当山"两字,其欲强调此海舟慈乃东明山之海舟普慈而非金陵东山之海舟永慈之意昭然。让人颇觉蹊跷的是,第三祖的塔名被"铲去殆尽"。笔者分析,这有两种可能,一是孤云为了某种目的所为;二是有可能孤云在修塔时曾题刻了令后人不满的题名,因而被人铲去。如笔者在本书第四章中所述,禅宗史上,因为出现过两个海舟慈,有人认为开法金陵东山翼善寺的海舟永慈是东明慧昆的法嗣,有人则认为海舟普慈才是继承了东明衣钵的法嗣,因而还引出了东明寺第三代传人名字的争议,该传人虽然行状事迹相同,但有人称之为"宝峰明瑄",有人则称之为"宝峰智瑄"。无论史实如何,孤云在修葺东明塔院时,在祖塔题刻上应该是动

---

① 《新修天童寺》,第405页。

了脑筋，下了功夫的，其目的无非是为了强调东明寺三代嫡传临济正宗法脉的说法，这是不是也有违沙门的"以无诤为德"呢？

如前所述，顺治三年（1646）春，费隐通容再上东明山礼祖塔，安溪众居士得知消息后，纷纷要求他上堂说法。孤云不违众望，力请乃师升座。于是，费隐通容上堂，言："远祖东明刹，今朝辄一登。面目俨然在，时人识未曾。且道远祖面目，即今在什么处？"他用禅杖一指，接着说："南山云，北山雨，自古迄今常在此，湛然不动于其间，凛凛宗风播寰宇。"[1]确实，慧昺祖师开创的东明寺临济宗风，300多年后，仍然后继有人。在孤云的门下，又出了超卓、超元和超藏等众多嗣法弟子。1661年，超卓、超元等弟子在孤云圆寂前后为师傅编写刻印了《孤云禅师语录》。[2]超藏后来还为释

---

[1] 《东明寺志》，第55页。

[2] 2011年初，笔者翻阅常书智、李龙如主编《湖南省古籍善本书目》（长沙：岳麓书社，1998年），偶然发现湖南图书馆藏有《孤云禅师语录》七卷两册（见该书第288页），为顺治甲午（1654）蔡联璧序本。于是，联系该馆历史文献部刘雪平老师，取得全书目录，判定确系东明寺孤云行鉴禅师语录后，告知东明山森林公园有限公司董事长张炳林先生。张先生遂与湖南图书馆联系交涉取得点校影印许可，于2012年9月由曾华强、黄金贵点校，上海古籍出版社正式影印出版，还在书末加入了《东明孤云禅师塔铭》拓本全文。考《日本黄檗山万福寺藏旅日高僧隐元中土来往书信录》可知，隐元隆琦曾于1655年正月派古石定容回国省觐因笔墨官司而避居常熟维摩院的乃师费隐通容，并顺道至海盐斋济金粟寺僧众，为此，孤云行鉴于当年春夏之

湛潜重编的《东明寺志》作了刻印鉴定。

超藏，一名灵藏，号愚山，俗姓杨，浙江海昌（今海宁）人，生卒年不详，为临济宗三十三世传人，《五灯全书》卷九十有其传，《东明寺志》对其行迹介绍尤为详尽。愚山禅师祖上世代奉佛，兄弟有五人，其行二，长兄、季弟与他一样，都出家为僧，长兄恒觉禅师，季弟青莲法师。愚山藏自幼研习天台宗，博通名相，14岁在盐官安国寺从明寰法师剃度，20岁受沙弥戒于真寂闻谷大师，己卯（1639）冬，受具足戒于金粟寺费隐通容座下，先后随侍七年。迨费隐通容

际写信给隐元隆琦，一方面以示感谢，另一方面代师再次邀请隐元回国住持金粟寺，函末，顺带恳请隐元能帮助刻印金粟诸祖语录，曰："兹启：金粟印房诸祖语录板，数年不印，鱼蠹阙残，不肖薄福，无力流通。因与古公商之，承许领袖。然欲求老法兄作主，只消指顾间可成大事。不唯祖道重光，亦使群生有庆。外附先师翁语录，并呈拙作请政。"（见《日本黄檗山万福寺藏旅日高僧隐元中土来往书信录》，第154页）可见，《孤云禅师语录》的稿本应该是那时被带至日本，后在日本刻印回传中国流通的。是故，该书除版心印有"支那撰述"四字以外，在首页还钤印有"黄檗山汉松院常住印"以及书商"佐名文屋"之印。日本黄檗山在隐元隆琦开山之初，有十三个堂头，汉松院其一，由隐元弟子独吼性狮（1624—1688）住持。作为违抗师命不回国的补偿，隐元隆琦在日本刻印了《五灯严统》等很多费隐通容法脉相关的撰述。其时，隐元复函孤云作答并赋诗《次孤云法弟扇头韵》："千生一梦宿，三界寥空屋。突出本来人，堪笑幻化褯。拈弄性海月，剔起心灯烛。拟欲酬师恩，分身犹未足。"（见平久保章：《新纂校订隐元全集》，东京：开明书院，1979年，第3680页）隐元隆琦的内疚之心跃然纸上。

迁住天童寺后，愚山藏云游诸寺，与雪峤、信石、车乘、石雨、箬庵等临济、曹洞二宗名师禅机交锋，皆旗鼓相当。不过，愚山藏一直有病缠身，自念生死问题急切，便前往东明山求教孤云禅师。在东明寺，与孤云颇为投缘，言下契机，顿悟大法。后追随孤云前往德清吉祥寺，并继任住持，三十年如一日接引衲子信众，吉祥寺因而以"大甘露门"之美誉名扬诸方，其本人也因此被史称"德清吉祥愚山藏禅师"。他在吉祥寺时曾上堂曰："无端抱病卧清溪，个事何曾举着伊。活捉将来呈丑拙，当阳拈出露全机。""我有一疑要与诸人说破，免向人前求言觅句。你诸人不肯全身放下，叩己而参。将谓我有佛法与人。若论山僧见处：释迦老子不是佛，西来达摩不是祖，天下老和尚不是善知识，现前兄弟不是凡人。正与么时唤作甚么？于是分晓得去，佛祖众生没两般，僧凡名号皆幻立。"[1]此番开示表明，晚年的愚山藏已具"无分别心"，明白了诸行皆为虚幻名相之佛理。然而，即便是这样的高僧，在东明寺也留下过有违宗门清规的行迹。

话说自 1640 年孤云住锡东明山后，先后历 20 年，香火日盛，名声远播，仅东明寺嗣法门人就达 40 人之多，超卓、洪约、超元等弟子还分赴江浙各地寺院担任住持，成为一方名僧。1661 年春，时年 54 岁的孤云听说恩师费隐通容身患重病，便赶往石门福严寺探视诀别，不料自己也染疾，便迅

---

① 《续藏经》第 141 册《五灯全书》卷五十九，第 792 页。

速退归东明山，于五月初八日，合掌端坐而逝，距其师父圆寂相隔仅49天。其临终遗言曰："山野素无蓄积，所余衣单，买薪化龛外，设斋供众。朝死夕焚，开丧报讣，悉属世法，不必沿习。东明因护法公议，法嗣次第轮流住持，不退溷乱，庶俾久远。"①

佛教寺院一般分"十方丛林"与"子孙丛林"两种。所谓"十方丛林"，也称"十方常住"，意为寺院资产归属十方世界，所以，住持由各地僧众民主推举产生，轮流执掌寺院。而"子孙丛林"，则顾名思义，寺院被视为宗门私产，犹如世俗家庭，由本宗门师徒子孙代代相传住持一职。明清鼎革之后，出现了"十方"与"子孙"相杂的住持继替模式，即同一师门内实行三年一更替的轮流坐庄制。孤云禅师大约是鉴于此前他的两位法叔即印乾和通际在东明寺发生过人事纠葛，闹得不欢而散，在行将坐化之时，除了嘱咐弟子丧事简办以外，还专门就继住东明寺的规则留了"东明因护法公议，法嗣次第轮流住持"的遗嘱。从《东明孤云禅师塔铭》拓本的内容看，其弟子们也确实遵守了师父的遗命，实行了与推选相结合的"十方"与"子孙"混合的模式，嗣法兄弟们轮流继任住持。孤云禅师塔塔碑即为其弟子超觉担任住持时的康熙十五年（1676）仲夏所立，而超觉是东明寺众嗣法弟子

---

① 《东明孤云禅师塔铭》，《东明山文化丛书·孤云禅师语录》，第451页。

中排名靠后的一位。

不过，《东明孤云禅师塔铭》目前有两个版本，一是刻于孤云禅师塔碑上的，由孤云嗣法弟子之一的示方超觉手书，其拓本全文被点校附于新近再版的《孤云禅师语录》书末；一是收录于上海图书馆藏本《东明寺志》中，该寺志为愚山超藏之弟子、孤云之法孙湛潜于康熙十二年（1673）编纂，程光仁兄弟两人于阏逢摄提格（1674）出资并写序刻印，新近也点校出版。此二种版本的塔铭虽然前者落款为"岁次壬寅"，后者为"康熙元年"，公历实则同一年即1662年，也就是孤云圆寂后的第二年，作者也是同一个，赐进士出身的张惟赤。为叙述方便，笔者将前者称为"超觉本"，后者称为"湛潜本"。

"超觉本"与"湛潜本"大部分文字基本相同，然而，关于孤云嗣法弟子，特别是孤云的遗言，则两者有着根本的差异。

"超觉本"在正文中只出现了孤云的大弟子乳峰超卓，曰："嗣法弟子自乳峰卓公下，或开法淮扬，或建幢吴越，俱互显机权，蔚然堂构。"[1]但在落款处则列出了35名为孤云建立塔碑的众弟子之法号。"湛潜本"则不同，在正文中除乳峰卓以外，还出现了湛潜的师父愚山超藏的名号，曰："嗣法弟子自乳峰卓公、愚山藏公而下，或开法淮扬，或建幢吴越，

---

[1]《东明孤云禅师塔铭》，第451—452页。

俱互显机权，蔚然堂构。"[①]落款处，除铭文作者张惟赤外，没有其他任何一位孤云禅师弟子的名号。

关于孤云的遗言，如前所述，"超觉本"谓："东明因护法公议，法嗣次第轮流住持，不得溷乱，庶俾久远。"而"湛潜本"不仅略去了这一句，而且在《东明寺志》上卷对"孤云鉴禅师"的生平介绍中，写了这么一句，曰："山门大事檀那在，康祖遗风方丈留。此外再三无别嘱，大家熟牧这头牛。只今牛在什么处？"[②]意思是说，东明山的继任方丈由檀那即寺院的施主作主，比照祖宗遗法产生。然而，"祖宗遗风"是什么？没说。"湛潜本"为何要在寺志中做如此删述呢？

我们可以从湖南图书馆所藏七卷本《孤云禅师语录》中找到答案的线索。该语录有顺治甲午年（1654）蔡联璧写的叙，也就是说，这是一本编纂于孤云生前的语录，那么，编纂者当为孤云本人认可的嗣法弟子，落款分别为：卷一"嗣法门人超卓、超元同编"；卷二"嗣法门人超勤、海博同编"；卷三"嗣法门人灵藏、智竺同编"；卷四"嗣法门人智明、洪约同编"；卷五"嗣法门人德昱、普毅同编"；卷六"嗣法门人愿周、超周同编"；卷七"嗣法门人□□同编"。不知何故，第七卷的具体编者被覆盖抹去，但从卷一到卷六的编者之次序排列看，正好与"超觉本"《孤云禅师塔铭》落

---

① 《东明寺志》，第96页。
② 同上，第38页。

款的前 12 名嗣法弟子一致，说明愚山藏在同门中排名为第五。而《东明寺志》记载，孤云圆寂后，先是大弟子乳峰超卓接任东明寺住持，而后是不退超本，再接下来才是愚山超藏。由此可见，在张惟赤撰写《孤云禅师塔铭》之初，愚山藏还不是东明寺的领袖人物，正文原文，最大的可能就如"超觉本"，只例举了大弟子乳峰超卓之名，而"湛潜本"的"愚山藏公"四个字应该是湛潜为讨好自己的师父后来添加的。作为寺志校定者的愚山藏本人也没有纠正徒弟的添改，笑纳了徒弟的"马屁"。

我们再来看孤云禅师圆寂后，东明嗣法弟子继任住持的情况。据《东明寺志》，"于辛丑岁（1661），孤云禅师迁化，缁素请（乳峰卓）师继席东明。未几，师以山门事委托不退禅师"[1]。于是，不退超本接替担任了三年住持，"甲辰（1664）夏，（不退超本）师率缁素请吉祥愚山藏和尚住持东明"[2]。结果，愚山藏在东明寺当住持一当就连续当了十年，即便中间一度（1669 年春）还去了盐官安国寺开法古道场，兼任那里的住持[3]，也没有将东明方丈的宝座让给其他同修，直到 1674 年才去了吉祥寺出任住持，以至终老。从中我们可以推知，愚山藏并没有遵照师父的遗言，让自己的同修们轮

---

① 《东明寺志》，第 39 页。
② 同上，第 40 页。
③ （清）纪荫：《宗统编年》，《禅宗全书》23，第 600 页。

流出任东明寺方丈。出于心虚，也为避免日后自己的师父为人诟病，湛潜这才故意将张惟赤所写孤云遗言中的"法嗣次第轮流住持"这些文字删去了事。不过，湛潜可不是等闲之辈，他特意在《东明寺志》中为后人留下了可资为其师父不当行为辩护的相关文字。首先，在卷中介绍愚山藏条目中，如是说：

康熙六年正月二十四日，古杭诸檀护及安溪缁素复请师永住东明禅寺，师以祖庭自应轮住，固辞。缁素合辞进曰："若云祖庭自应轮住，昆祖儿孙今日遍天下，谁应住谁不应住？我等惟德是视，不知其他。兹举也曾秉资福老和尚之命，非我等擅专坚请。"上堂维那宣疏毕。师指法座云："……所谓统微尘刹海为一家，情与无情同一体。如是，则山野住持祖庭，从今日住，住到尽未来际；原无住相，即从今日去，去到尽虚空际；原无去相，既无去来之相，安有彼此之殊？在此亦得，在彼亦得。彼此无心为万物，则只如不负众檀护留住祖庭。一句作么生道？"蓦卓拄杖云："将此身心奉尘刹，是则名为报佛恩。"①

"报佛恩"成了愚山藏违背师父遗嘱，接受众缁素邀请永住东明寺的很好托词。那么，这些所谓"诸檀护及安溪缁素"究竟是哪些人呢？孤云另外一位弟子竺岩超鹭的一篇《请愚

① 《东明寺志》，第69—70页。

山和尚永住东明书》道出了真相。在这篇邀请书中，超鹫首先认为愚山藏乃"昷祖嫡骨儿孙，先师克家真子"，他的才能使吉祥寺、盐官道场和东明祖庭"旧观殆还"，"辉古胜今"，所以，若"拘泥轮住虚文，于理似是，委卸未堪小弱，于事殆非"。书尾，超鹫再三恳请并道出了其真实心意："如必坚持引退之小节，竟忘出世之大因，不念祖父之贻谋，罔顾人天之悃挚。鹫今老且病，将复畴依计？唯痛哭再拜先老人之前，拽杖先驰，宁死于道路而已矣。"搞了半天，这位竺岩超鹫才是真正筹谋东明寺运营的"大檀护"，为此，湛潜特意添了一笔对他的介绍："师讳超鹫，号竺岩，浙江海宁县人，黄坡蔡遯翁胞弟也。愚山和尚住持本山时，迎师归养，师终老于东明，愚山和尚为建塔于前山。"[①]从明朝万历年间起，自号"黄坡居士"的蔡联璧就开始主导东明山的重振，现如今，他的胞弟干脆以出家人的身份坐镇东明山，左右了东明寺的人事要务，去世后还能被塔葬于东明前山。笔者心中疑惑，这是不是有了点"家庙"的味道呢？

其实，在愚山藏之前，孤云圆寂后先由乳峰超卓继住方丈，大概也是竺岩超鹫作的主。《东明寺志》介绍说："师讳超卓，浙江四明□氏子。同门竺岩和尚为师作序……"[②]作为孤云鉴法嗣，《五灯全书》有超卓简传，言其为"海陵

---

① 《东明寺志》，第78—79页。
② 同上，第39页。

大圣乳峰卓禅师"。"海陵"即今江苏泰州海陵区。超卓，生卒年不详，舟山定海夏氏子，耕田为业，24岁出家为僧，在天童寺苦参三年无果，后赴宜兴玉泉寺拜于孤云鉴门下，因观天上明星而悟道，曰："欲穷千里目，更上一层楼。"[①]竺岩超鹫为超卓作"序"指的应该是为其《语录》写序，曰："其为人也，单提本分，直接上机，不落今时窠臼。故其法语、偈颂、机缘一一从胸襟流出，鉴天辉地，迥有超方之作，可谓照末法之光明幢，障狂澜之砥柱石也。"[②]超卓于顺治丙戌年（1646）、辛卯年（1651），受当地檀护之请，分别住锡宜兴香云寺和泰州大圣禅寺，辛丑岁（1661）短暂继任东明寺方丈后，便将山门事务委托给了法弟不退超本，自己则归隐大圣寺，在那里终老。

不退超本，生卒年不详，《东明寺志》有其简介。名超本，号不退，俗姓徐，宜兴人，从宜兴镜心庵念如师剃度。其时，适逢孤云住锡宜兴玉泉寺，于是投其门下，参禅有悟，帮助师父管理金粟寺、东明寺事务，于辛丑年（1661）受法兄乳峰超卓的推举，出任东明寺方丈三年，于甲辰年（1664）夏天任期满后，依师轮住遗嘱，率缁素请法弟愚山超藏继住，自己则前往湖州归安县圆通寺重建佛殿禅堂，没几年便大功告成。

愚山超藏碍于名义上的法弟、实际上的东明寺大护法竺

---

① 《续藏经》第141册《五灯全书》卷五十九，第792页。
② 《东明寺志》，第39页。

岩超鹫的面子，违背师父遗嘱，担任东明寺住持十年后，于甲寅（1674）年正式离开东明，驻锡湖州吉祥寺至终老。此后，由孤云的另一法嗣示方超觉继任住持。示方超觉一上任，便多方联络同门同修，为师父遗骨营塔奔波，终于于康熙十五年（1676），也就是孤云禅师圆寂整整十五年后，在东明塔院建造了孤云禅师灵塔，并亲自书录塔铭，立碑纪念。现在散落于东明塔院的塔石中虽然也有"传临济正宗第三十三世示方觉和尚之塔"[①]，即示方超觉本人的灵塔构件，但我们已无从详考其生平行迹，以及究竟哪一个塔窟为其灵骨所在。不过，仅从其为孤云禅师塔碑手书了塔铭之篆书标题和小楷正文来看，便可知其文化素养非同一般。

在出任东明寺方丈之前，示方超觉也在海盐，他自己在海盐北关外建了一座寺院，名曰"写峰"。武原（今海盐）文人徐昌治虽为居士，但也受法费隐通容，法号无依道人，论辈分乃示方超觉之师叔。某日，徐昌治应邀到访"写峰"，有感于其周边环境与名称，临别欣然留下短文——《序写峰》。其文如下：

天下丛林，皆善知识说法度人之地。恬退者，必藉静室

---

① 笔者在2011年初春（农历正月初七）探访东明塔院遗址时，除了发现了"传临济正宗第三十三世示方觉和尚之塔"构件以外，还有一块石柱上，正面刻"無塵順禪師塔"，背刻"臨濟正宗三十三世"字样，从东明寺现存《孤云禅师塔铭》立塔落款人推测，此人就是孤云禅师其中的一个弟子超顺禅师。

为憩息。其未出山者，亦每构一椽，创一址，长养法幢，娴习矩矱，为他日大行广布之始基。如示方法侄，本师费老人之孙，孤云兄之子也。建刹于盐之北关外。新篁密插，古柏高擎；梅环于左，水流于右；前有雉堞，后有勺居；东滨大海，西峙浮图。毛父母寓目心喜，题曰"写峰"。明明祇树园而不写，明明舍卫城而不写，明明阿耨池而不写，明明竹林精舍而不写，而所写者"峰"也。岂以东南之秦驻稍远；西南之紫云尚遥。必欲东北起一层峦，西北障一天堑，而百鸟衔花之异，竟在指顾间乎？一峰而该千峰万峰，万峰千峰而统于此一峰。俱无暇论。总之，有竹有梅，有泉有石。界东藩为佛室，邈西舍若云居。海涛与梵音同韵，松风与林吼齐声。莫道闭门不是深山也。[①]

　　示方超觉建成这座寺院之初，当时有位姓毛的知县慕名前往视察，只字未及佛教相关言辞，大笔一挥，为之取名，曰"写峰"，原因何在？徐昌治套用了明代陈继儒《小窗幽记》中的"闭门即是深山，读书随处净土"一句，总结道："莫道闭门不是深山也。"

　　是啊，只要心境恬淡，何处不见南山？只要心底安然，何处不闻空谷幽兰？否则，再好的道场，免不了是非纠葛；

---

① （清）徐昌治：《无依道人录》，《明版嘉兴大藏经》第23册，第342页。

再好的说辞，也不一定能践行。通际、印乾、通问三兄弟在东明道场即将再兴之时却分道扬镳；费隐通容与曹洞宗门人发生《五灯严统》诤讼，尤其是曹洞宗门人借官府以势压人，以及费隐通容指望能借助新主中原的皇帝扭转局势；孤云禅师到处奔波开设道场，并在修葺东明祖塔时极力维护东明寺在临济宗中三代嫡传的法脉地位等等，无不说明出家人也是社会人，他们在彻底证悟之前，同样也摆脱不了名利的缠绕。若论道理，孤云禅师自己明白得很，他在《示不退禅师首座入东明》中告诫弟子说：

> 本分既明应住山，栽松种竹也闲闲。
> 草衣木食随缘过，野鹤孤云任往返。[①]

其另有《田舍》诗云：

> 百峰围绕一溪边，锄雨翻云不计年。
> 麦子秀时风历乱，稻花开处蟹肥鲜。
> 但知托钵为潇洒，那识耕田绝妄缘。
> 自种自收还自食，任他作佛与成仙。[②]

---

① 《东明寺志》，第 64 页。
② 裴樟鑫、释性空主编：《佛教诗词楹联选·嘉兴市卷》（上），浙江大学出版社，2009 年，第 290 页。

　　诗句表明，"出世"与"入世"并不在于形式，一个专念于耕耘的农夫要比自以为潇洒的出家人更自在，更超脱于尘世。不过话说回来，要想成菩萨、成佛，除了自觉，还要觉他，为他人的利益而奔忙于名利尘世，似也无可厚非，更何况在禅宗而言，所谓"出世"，还有一种特定的含义，那就是受命出任名寺大院的方丈，意味着多了一份社会的重任。这样还能有布衣农夫的自在超脱吗？知行合一何其难也！

第九章　经世菩提耀东明

世人大多以为，僧人出离红尘，远屏世俗，所以现如今越南、日本、韩国、中国的台湾和大陆僧界相继提出"人间佛教"，主张佛教"入世"，似乎成了一种"新生事物"，其实不然。不要说吴越国王钱俶早在为延寿所著《宗镜录》写序时就提出佛法不离儒家的君臣、父子、人伦等等入世思想，六祖慧能更是有偈曰："佛法在世间，不离世间觉。离世求菩提，恰如觅兔角。"圣严法师也在其《明末佛教研究》中指出，明末朝廷腐败，社会多乱，尤其是清军入关后，有许多英杰壮烈逊国，也有一些禅宗居士宁死不事二主，他们"与一般人士指摘信佛是消极或遁世的形象，完全不同，而他们都是忠臣义士和烈女，虽然信佛虔诚，且多有修持的体验，读到他们为了忠君报国虽死而谓死得其所的殉难事迹，若有人再说佛教徒是遁世逃世的话，实在太不公平了"[1]。这个时期，东明山同样也出现了一批这样值得可歌可泣的僧人与信徒。

最初为东明寺修志的是隐元隆琦的弟子独耀性日禅师，他在顺治十六年（1659）春撰序曰："异人之作，天之所以

---

① 《明末佛教研究》，第 223 页。

开名山也。"他认为，山可以自生泉壑、草木、动物，然而，山要出名，得有人，而且是"异人"，"欲使华景聿彰，胜概独出，不有异人焉标焕之，名虽存，未显也"①。其实，独耀性日就是一位僧中"异人"。观其一生，出儒入佛，忠孝仁义而经世，禅灯相伴证菩提。

独耀上人②，法号性日，万历四十三年（1615）十一月十九日生于浙江海宁姚氏人家，俗名翼明，字兴公。其出家前事迹不详，仅有纪许国为独耀性日《南行草》所写序言可资参考。是序被辑录在道光十九年刊《厦门志》卷十三中，如下：

> 姚翼明，字兴公，浙江人，官至兵科给事中。明亡，起义海昌。事败远举，出入于风涛危险中，气不扰已。栖君山，从鲁王，乘槎至岛，僦居东岳庙，爨火屡空，充然自得。旋入洪济山为僧，娱怡文咏。后归平阳，著有《南行草》。③

由此可知，独耀性日在出家前是一位忠诚不事二主的反

---

① （清）独耀性日：《修东明志原序》，《东明寺志》，第6—7页。
② 明清更迭之后，禅宗僧人往往被尊称为"上人"，以替代原来的"禅师"之呼，其实此称谓唐宋早已有之，如杜甫就有诗曰《寄赞上人》。
③ 厦门市地方志编纂委员会办公室整理：《厦门志》，鹭江出版社，1996年，第431页。

清复明斗士，他于1646年跟随鲁王朱以海渡海入闽抗清。其间，与抗清名士张苍水、万美功等人多有往来。1652年春，张苍水、万美功与他一同过访另一位宁波籍义士陈齐莫，小酌而望乡兴叹，张苍水赋诗一首。曰：

> 回首乡关北海滨，南来犹见故乡人。
> 君因久客翻为主，我亦同仇况比邻。
> 八载沧桑愁欲老，一樽清酒话相亲。
> 共悲吴楚烽烟急，太史占星正聚闽。（姚吴人，
> 万楚人，故云）。[1]

诗句既反映了这几位抗清斗士的离乡悲愁，也写照了他们对于反清复明运动久久不能成功的怅惘之情。怅惘之余，逃禅大约是一条不错的人生归途。就在这一年的腊月，独耀入福清县黄檗山拜谒费隐通容的另一位嗣法弟子、临济宗第三十二世传人隐元隆琦禅师（1592—1673），执弟子礼剃度出家，凭其文才而被命为书记职，掌管寺院文书事务。为此，他写诗明志曰：

> 浙西衲子曰明心，三十年来出虎林。
> 赤脚陆行几万里，空身浪掷百千金。

---

[1] 张煌言：《张苍水全集》，宁波出版社，2002年，第21页。

久思黄檗山头息，誓向青莲窟里寻。

从此俗情须斩断，云中但听海潮音。[1]

好一句"从此俗情须斩断"，说说容易做却难。独耀虽遁入空门，却时常与隐元和尚及其他文友为亡国而忧伤不已。壬辰（1652）冬，隐元和尚为诸方衲子开戒拜读疏言，至明神宗皇帝"赐衣锡于五台而律再振丛林"一节时，伤感涕泣。独耀见状，与师傅同悲，带头赋诗寄哀，曰：

空山钟磬到今存，谁信君恩即佛恩。

共叹十年亡故国，独怜一泪落祇园。

莲心向老终成洁，松品由来识至尊。

此念同人墀下拜，自当传作亘天言。[2]

紧随其后，30 多位僧侣文人各用其韵，连连奉寄和诗，其忠义之情昭然。

身虽栖隐山林，但独耀却一直不失世间义气。钱肃乐（1606—1648），浙江鄞县人，是在浙闽两地拥戴鲁王朱以海监国抗清的实际领导人，他屡战屡败，最终于 1648 年因

---

[1] 《中国佛寺史志汇刊》第三辑第 4 册《黄檗山志》，第 344—345 页。

[2] 《新纂校订隐元全集》，第 5287—5288 页。

病绝食而死。其时，浙东已为清政府统治，所以他的遗骸一直无法还乡归葬。鉴于他的特殊身份，其旧交部下皆唯恐避之不及，更无人敢于出面操办丧事。在《祭钱相国文》中，独耀因之叹曰："呜呼！生死之际，交情之所为见也。先生生于浙，死于闽。其生于浙也，人咸趋之；其死于闽也，人咸去之。噫！世情见矣。"[①]钱肃乐举进士、为郡守、任侍郎时，与之相交往来者不啻千万，然而如今却几乎无人吊于庭前，无人祭于颓陇败屋，足见世态之炎凉。但是，独耀却很讲义气，不顾个人安危，极力说服隐元禅师在黄檗山划地为钱肃乐建墓，并为其操办吊唁法事，前后历时 19 个月，终于在乙未（1655）九月墓地完工，将钱的灵柩下葬。

对于自己的忠孝仁义之节气，独耀不仅不避人耳目，而且颇为自负，以南宋跟随文天祥抗元失败而遁入空门的皋羽西台自比，写成文稿《击竹》一集[②]，请后来成为其同门师兄的如幻超弘（1605—1678）作序。如幻禅师虽爱其文才，

---

① 钱肃乐：《钱忠介公集》卷二十一，《四明丛书》第二集第 25 册，新文丰出版公司，1988 年，第 9 页。

② 皋羽西台（1249—1295），俗名谢翱，号宋累。南宋末年跟随文天祥抗元，文天祥被捕后，谢翱逃脱，后潜入杭州遁入空门，最终圆寂于杭州。至元二十七年（1290），谢翱登严子陵钓台，设文天祥牌位于荒亭隅，以竹如意击石，歌招魂之词曰："魂朝往兮何极，暮归来兮关塞黑，化为朱鸟兮有味焉食。"（参见谢德乐、谢喜龙编《谢翱研究史料选》第 2 辑，潮汕历史文化中心揭阳市研究会，2005 年，第 280—282 页）独耀性日的文集名《击竹》当由此而来。

敬其为人，誉其著作为："发其胸中之侘傺，大抵皆清壮悲淡，如霜天鹤唳，露砌蛩啾。"但在序言末尾直言规劝独耀，既为禅人，就不必再纠缠于尘世情愁："耀公既为禅学人，一切怨亲顺逆，融之以道心，豁之以道眼，则顿忘所知，自有香严之公案在，诚不必援竹枝而效仿西台之恸矣！"①

独耀不仅忠义，而且孝廉。1654年，隐元禅师离开黄檗山万福寺东渡日本弘法，初住长崎兴福寺，并于1655年正月初一建成山门，题额亦为"东明山"，并解释说："祖道晦久，必明于东。"②笔者以为，费隐通容、隐元隆琦师徒皆以钱塘东明寺为其法脉祖庭，想必其所谓"祖道"当与慧昙祖师开法东明寺有关，所以，其题名"东明山"并非偶然。作为隐元的书记，独耀深得隐元的赏识，受命为师傅编写完成了东渡日本之前的年谱，理当随师东渡，但独耀却在厦门送走师父，回黄檗山安葬完钱肃乐遗骨后，于1655年冬改入福州芙蓉寺，皈依于隐元的师弟亘信行弥禅师（1603—1659）门下，仍然掌书记职。原因无他，只为行孝。孔子有云："父母在，不远游，游必有方。"独耀虽已断发，但他依然孝心切切，情牵家乡老母。该年十一月十九日，独耀40岁生日，即所谓其"母难之辰"，独耀特意营斋请亘信禅师

---

① 《禅宗全书》65《瘦松集》，第469—470页。释如幻，明末清初爱国诗僧，曾出任福建泉州南安雪峰寺住持。俗姓刘，名超宏，字如幻，号瘦松，有《瘦松集》等存世。

② 《新纂校订隐元全集》，第5485页。

为众说法，替老母祈福。心直口快的如幻禅师在撰文祝贺独耀生日的同时，还是不忘规劝独耀尽可放下尘世之亲情。曰：

> 耀公是慧业文人，英烈汉子，直须一觑觑破，一斩斩断，将世间一切爱憎顺逆得失彼此之见，尽情放下，放至无可放处，兀兀呆呆，峭峭巍巍，直得寒灰爆发，顶额眼开，则知成佛作祖，犹是戏论。迥视世间诸相，如沤生灭，如尘聚散，灼然非真，然后运平等心，显奇特事，入烦恼海，行异类中，无可无不可。虽然，耀公久居黄檗，习闻法要，则视此语，大似残羹馊饭。然某久在残羹馊饭中过活，不知其余。则今日为耀公上寿，只得拈出。[①]

独耀听师兄如此一说，颇不以为然，取笑如幻禅师是"贫儿饷客，尽于此也"，让如幻禅师反而觉得有点不好意思。

三个月后，思母心切的独耀一等春季解制，便准备启程归乡省觐。此次，如幻禅师虽然惋惜独耀的思乡归乡之举，但没有多加劝阻，反而联想到自己虽然已经出家，然而也曾在兵荒马乱中，送母往生之后，日走数十里，为老父乞食，并在夜间拥败絮为老父抱脚同眠。如今，老父已亡，想再为老父抱脚而眠已是枉然，真所谓"子欲养而亲不待也"。所以，

---

① 《瘦松集》，第467页。

如幻禅师不无动情地感叹曰："吾深羡耀公之有母也。耀公可无归乎？"话虽如此，如幻还是没忘记僧人的身份，为耀公想出了一个既能行孝又能事佛的两全之策。曰：

耀公既知有这边事，直须证彻。武林丛席相望，知识如林，耀公择其近家者而依之，既以咨决己事，又时时得省其亲，如超弘父母无恙时。待慈亲百年之后，则一杖一笠，无适而不可。耀公于斯三者奚择？[①]

关于独耀回乡省亲之事，其师父隐元和尚是知晓的。隐元一贯主张"忠孝系成佛之本"，所以，他非但不责备独耀因此没随同他赴日，反而赞赏他的孝行。日本明历二年（1656），已驻锡大阪摄津普门寺的隐元得知独耀归浙后，专门写了一封信给独耀，曰：

夫忠孝人道，根本节义。文学世谛，枝叶耳。根本既固，枝叶无不繁茂，而覆荫人间，曷有已矣。抑见汝心，本末俱全，成叶君之贤，吾念亦足，其功德曷可思议……

闻汝归浙省亲，料理葬事，孝子之所当然，甚善甚善。事毕欲从舟山乘浮以慰老僧，彻见孝情法道，两全忠义，节

---

① 《瘦松集》，第 458 页。

文毕露，非过量衲僧出格丈夫不能也。[①]

信中，隐元虽然赞赏独耀的孝行，但他更是爱惜独耀的文才，所以将侍奉师父也同比为孝道，希望他为父母行孝之后，能渡海赴日辅佐自己弘法。信中继续道：

> 且汝平素文名溢于海外，今果一航，老僧有待，文明可必。谁不睎诸？倘道涉补陀，探其趣向何如。后若期遇，可以暂寄杖头，以便进止，亦到处随缘之妙用也。……汝须留心，甚勿忽诸。嘱嘱！[②]

师父隐元不仅对独耀渡日寄予厚望，而且还希望他在路过普陀山时，打探情况，为有朝一日回国驻锡作些准备。然而，大约是老母一直健在，独耀并没如师父所愿东渡日本，而是听从如幻禅师的建议，在家乡海宁、平湖一带的寺刹云游。不过，他将对侍奉师父的孝道转寄到了近旁的师祖费隐通容身上。据《费隐容禅师纪年录》记载，顺治十五年（1658）十月，费隐禅师在石门（今桐乡）福严寺向弟子平湖法藏寺住持古笠宗泰付法时，独耀随古笠宗泰一同前往参谒费隐师祖，并呈诗偈一册，费隐回赠偈一首，曰："性天杲日无云

① 《新纂校订隐元全集》，第 2254—2255 页。
② 同上，第 2255—2256 页。

熙，照耀乾坤廓顶门。拨转禅和关捩子，多般手眼岂能论。"①
顺治十八年（1661）三月，费隐示微疾，得知消息的独耀前
往问疾，三月二十九日，费隐圆寂，留遗嘱"不可出讣音及
受诸方吊奠"，独耀因此成为在费隐圆寂前侍奉的少数徒孙
之一。

从给独耀的回偈中不难看出费隐通容对独耀才能的赏
识。正是在1658年十月的这次对师祖的参谒之后，独耀便
上了祖庭东明寺，施展文才，编写了《东明志》，于1659
年春日完稿。在东明寺礼拜建文帝遗像时，独耀触景生情，
赋诗一首。

东明寺礼建文君像

> 君当蒙难偏依佛，臣亦违时独作僧。
>
> 但许竹松为石友，只留日月代心灯。
>
> 须眉修淡千峰雨，骨性高寒万壑冰。
>
> 亲拥慧幢存俎豆，人王恩比法王弘。②

住东明山期间，他对慧昙祖师塔院也崇礼有加，不仅写
了一首《礼祖塔》诗：

---

① （清）王谷仝：《福严费隐容禅师纪年录》，《中国历代禅
师传记资料汇编（中）》，第512页。
② 《东明寺志》，第114页。

> 拨茅寻古塔，冲虎入深溪。
>
> 荒树缠碑额，寒苔印鹿蹄。
>
> 石幢云漠漠，铁骨月凄凄。
>
> 会见荆榛剪，丹书觅旧题。[①]

　　而且，取诗中第五、六句前两字"石"和"铁"，为自己在《东明志》中落款称"石铁山臞独耀子性日"，可以想见他对东明祖庭和开法祖师的深情。"石""铁"这两个字也曾被独耀遁入佛门时用以表达断然告别纷繁尘世之决心，他的《元日奉诵本师隐和尚〈云涛集〉敬赋》曰："寸心能铁石，两字别云涛。记得焚香处，春山片日高。"[②]

　　独耀所编写的《东明志》今似已失传，不过，从曾担任东明寺首座的释湛潜重编于1673年的《东明寺志》序言中，其对独耀《东明志》的评价"东明向有志，近如独耀日禅师所修最为详备"一句可知，独耀撰文修志的认真负责。这与他高度重视名节不无关系，与乃师隐元隆琦可以一比。独耀的师兄独往性幽曾在《本师隐公大和尚传赞》中美誉师父曰："释氏以蕴空为上而略名节，大抵然矣。而师独兼之，其所

---

① 《东明寺志》，第115页。

② 《黄檗山志》，第400—401页。

谓儒佛并担者乎？真可以为我党师矣！"①原本隐元隆琦东渡之前的年谱主要由独耀所编，然而，当独耀1656年八月收到师父从日本寄来的《黄檗隐元禅师年谱》刊本时，《年谱》正文前却多了其师兄独往性幽所写的两篇文章，《年谱乞言小引》和《本师隐公大和尚传赞》。正是这两篇多出来的文章，让独耀颇为不快，八月二十日他写信给师父表达了自己的不满，言：

　　其中尚有一二未谐处，略一录出，以凭和尚酌裁。即如开卷第一叶独往兄所作《乞言引》，自当削去，不宜发刻。何也？盖自古大善知识年谱，只须一二人作序，贵简重也。今曰《乞言》，是求天下人皆言，多多益善之意。岂有一部年谱欲求天下许多人作序之理？既贵简重，俟日请求一二有关系世道法道之人为叙，不必曰乞。恐无此体，为识者所笑，断欲删除。又《传赞》三叶，亦未尽得法。日尝细为展阅，见其中所叙述者，俱讲自己身分上事，并牵扯不肖日，夹杂补凑，敷衍成文。此之谓"独往外传""独往外纪"，非传赞本师体也。当时见其笔意矜张，夸言示众，日遂缄口不言。且和尚深信之极，言之未免生嫌。今则公然付梓，与不肖日

---

① 转录自小野和子：《关于独往性幽〈本师隐公大和尚传赞〉》，陈支平主编《第九届明史国际学术讨论会暨傅衣凌教授诞辰九十周年纪念论文集》，厦门大学出版社，2003年，第365页。

姓名同列于前后，以行于天下万世，不几令达人笑破口哉！此传一出，其非且笑者不知凡几。①

信中言辞激烈，对其师兄独往性幽的指责直言不讳。日本学者小野和子认为，凭现在有限的资料很难推测其真正的原因，"或来自他们个人之间的对立，或由于隐元渡日后，独耀返回寺院，而独往却参加了张振名的军事活动，表明他们的生活方式不同的缘故？或由于他们的抗清路线分歧？"②笔者则以为，与独耀高度重视名节的秉性不无关系。独耀与他师父隐元一样，虽蕴空但兼重名节。既然《年谱》主要是由自己付出的辛劳，则容不得他人"贪天之功，以为己有"，即便是自己的师兄。如今师兄的姓名在《年谱》中不仅与自己"同列于前后"，而且在年谱正文前后各印上了师兄的两篇文章，岂不容易招致读者的误解，以为年谱的编写主要是师兄独往所为。

同样注重名节的隐元隆琦在接到此抱怨信后，虽然强调其渡日前的年谱确是独耀所为，并答应修改《乞言小引》中的文句表述，但对于宣传自己忠孝仁义而不乏溢美之辞的《本师隐公大和尚传赞》一文则只字不予回应。答曰：

① 《日本黄檗山万福寺藏旅日高僧隐元中土来往书信录》，第103—104页。
②《关于独往性幽〈本师隐公大和尚传赞〉》，第367页。

兹乃外国行道，多所疑惑，故将汝所录六十三年前事迹刊出，与天下共知，则群疑顿息，如排云雾，彻见青天，抉翳膜，龙蛇自辨，岂小补哉？又云"乞言小引"并其中数字未妥，今一一依其删补，重梓流行，以晓今时。[1]

正是隐元和独耀师徒俩充分认识到了僧人名节对于弘法的重要性，所以，隐元在自己还健在时便让人编印了他的年谱，而独耀在其《东明志》序言中则一而再、再而三地强调："山之有幸有不幸，系乎其人，非山之所能为也。"东明山正是由于有慧昙祖师开法、建文皇帝逊迹、孤云和尚中兴，才得以彰显其名于天下。他反问道："山名'东明'，昙祖所由昉也。山不由昙祖始，而由昙祖显，以'东明'名山，是又岂山之所能为哉？"[2]

依现存文献，我们似乎已无从可考独耀性日在完成《东明志》并侍奉师祖费隐禅师圆寂后的具体行迹，但上述其鲜明的经世证菩提的思想和不事二主的行为，足可以为东明寺公案添上浓重的一笔。

无独有偶，如独耀性日那样忠义刚烈的东明寺檀护信众还有很多。例如，曾帮助东明寺恢复寺产，将山茨通际荐引到东明寺担任住持，并与之在东明寺禅机交锋的黄端伯就是

————————
① 《新纂校订隐元全集》，第 2256—2257 页。
② （清）独耀性日：《修东明志原序》，见《东明寺志》，第 6 页。

一位刚正不阿的反清义士。《明史》卷二百七十五有其传，清人朱溶《忠义录》对其忠明反清的义举记载尤为详细。

黄端伯（1585—1645），字元公，号海岸，江西新城人。崇祯元年（1628）进士，历任宁波、杭州府推官。因为喜好佛教，与当时许多名僧交往甚多，以至有人给他取雅号叫"黄佛子"。1644年南明弘光帝即位南京时，被授为礼部仪制司主事。1645年五月，南京为多铎率领的清兵所破，礼部尚书钱谦益等百官皆屈膝投降，只有黄端伯拒不下跪，说："王，清王也。我大明臣，不可屈！"清王恼怒，吩咐左右将黄端伯妻儿家小绑至跟前，对黄端伯说："你若不降，我就让他们去做奴婢。"黄端伯坚决不降，被打入死牢。此年九月六日，多铎北归，临行前，让士卒将黄端伯押至水草桥问斩，黄端伯高呼："太祖高皇帝、烈皇帝，孤臣黄端伯死矣。"被害后，人们发现其衣带中写有："今朝大事毕，一笑见空王。割截无嗔恨，刀山是道场。"没多久，在福州即位的南明隆武帝为褒扬其忠烈，赠礼部尚书，谥号"忠毅"。[1]

又例如，在东明寺写就一首《大遮山望钱江怀古诗》的陈晋明及其三个兄长，也是不事二主的义烈之人。陈晋明（？—1695），字康侯，号德公，钱塘人，家中排行老四，自幼聪敏好学，博览群书，以诗学闻名，与洪昇、朱彝尊、

---

[1]（清）朱溶：《忠义录》，高洪钧等点校《明清遗书五种》，北京图书出版社，2006年，第537—538页。

陈确等文人多有交往，因其隐逸而被尊称为"陈处士"。《康熙钱塘县志》卷二十二《人物·文苑》有其小传，如下：

> 陈晋明，字康侯，侍御潜夫季弟。潜夫以节死，晋明偕兄丽明、祚明奉母，隐河渚不出。……博极群书，尤耽于诗学，造沈、宋、王、岑之室，而要归于杜陵间。或授徒效为制艺，受其业者皆掇高第去。所著有《诗留》《拾缨》《采菽堂》等集，所选有《八代诗钞》《初盛唐诗》。[①]

陈晋明的长兄陈潜夫，字玄倩，杭州仁和人。据《康熙钱塘县志》卷二十、邵廷采《东南纪事》卷五以及《明史》卷二百七十七等记载，陈潜夫于崇祯丙子年（1636）中举，授开封府推官，与其弟陈丽明等抗击李自成有功。清兵入关后，于1645年跟随鲁王朱以海抗清，历任太仆寺卿监军浙西、大理寺少卿兼金都御史等官职。丙戌年（1646）五月兵败后，鲁王携钱肃乐、姚翼明等人渡海入闽继续抗击清军，而陈潜夫则归隐于绍兴。不久，携妻妾投河殉国。《康熙钱塘县志》卷二十《人物·忠节》云：

> 抵小楮村江上，虚无人。于是，潜夫长叹，谓其妻孟氏曰："勉之。吾为忠臣，而为烈女。"孟氏笑曰："此吾心也。"

①《钱塘县志》卷二十二，第20页。

与其女弟栉发更服以待。女弟者，潜夫妾也。潜夫整衣冠，拜祖父，已拜别其母与弟，携二夫人至化龙桥，皆沉于河。[①]

　　陈潜夫的父亲陈肇，人称石耕先生，为仁和县宿儒，他对子女要求甚严，"家庭之训，悉归指于忠孝。诸子奉其教戒，无敢堕失"[②]。古云：长兄如父。陈潜夫作为家中长子，中举出仕后一直带着三个弟弟陈丽明、陈祚明、陈晋明共同生活。是故，他们皆从兄志，一起抗击清军。长兄自沉殉国后，三兄弟奉母归杭，隐居于西溪河渚。后来，兄弟四人或因忠孝，或因文才，皆被祀奉入西湖明贤三祠之中。

　　陈丽明，字贞倩，号正庵。可能由于他在河南从兄任军中总兵官时，两股屡受箭伤之故，腿有残疾，一直多病，在西溪耕读终老，著有《采菽堂诗集》。

　　陈祚明（1623—1674），字胤倩（后因避雍正皇帝讳改作允倩），号稽留山人。迫于生计，1655 年起，受杭州同乡户部侍郎严沆等人之邀，前后三次旅居北京，教授严沆子弟等，以诗酒遨游于公卿间，"二十年名满长安，座无车公

① （清）魏㟧：《钱塘县志》卷二十，1718 年，中国数字方志库（f.wenjinguan.com），北京籍古轩图书数字技术有限公司发行，第 8 页。
② （清）陆嘉淑：《稽留山人集序》，见（清）陈祚明：《稽留山人集》，收录于《四库全书存目丛书》第 233 册，齐鲁书社，1997 年，第 452 页。

不乐"，但由于其虽逢迎权贵谋食，终不改遗民心志，所以一直穷困潦倒，最后客死于京而不得归葬故乡。著有《稽留山人集》和《采菽堂古诗选》，收有他写于 1655 年至 1673年清顺治、康熙年间共 19 年的诗作，但他"不题清朝年号，只题甲子，大有陶渊明入刘宋后不事二姓的作诗之遗意，隐寓自己不仕异族之情"①。

　　陈祚明在京期间，陈晋明因探视三哥，也游历过北京等地，随兄与京中文人诗文酬唱，颇获好评。时任礼部尚书王崇简撰有《陈康侯杂感诗序》云："康侯来京师，有杂感之作，明净窈渺。或吊古而寄慨，或遇物以永怀，如崇兰擢秀，朗逸超胜，盖心境莹然，音旨允协矣。"②诗人龚鼎孳自己虽然是无操守之明臣，"闯来则降闯，满来则降满"，但他非常敬重陈晋明不事二主的气节，赠诗《送陈康侯返武林和圣秋韵》其四曰：

　　　　清门忠孝兼文藻，法护僧弥几弟兄。

　　　　此去烟霞开倦眼，勿从京雒数狂生。

　　　　归心并急春江水，末俗终尊处士名。

①李金松、陈建新：《陈祚明与〈采菽堂古诗选〉考论》，李国章、赵昌平主编：《中华文史论丛》总第 75 辑，上海古籍出版社，2004 年，第 263—283 页。
②（清）王崇简：《青箱堂文集》，《四库全书存目丛书》第 203 册，齐鲁书社，1997 年，第 376 页。

最记绿流乘素舸，短箫亲傍画桥行。[①]

三哥去世后，陈晋明为家族生计，仿其兄，也开始了"师爷"的生活，于康熙十六年（1677）春天从北京转道入楚，就任武昌抚军幕。当时日日为康熙帝讲书释疑的中书舍人高士奇特赋诗《送陈康侯之武昌抚军幕》二首为其送行，句曰："春风浩荡别离情，王粲从军慷慨行。"[②]该年秋天，好友洪昇思友心切，也作《怀陈康侯处士楚中》以念。诗曰：

> 薄寒浸疏帘，披衣坐清晓。
>
> 碧空净微云，秋光澹以皎。
>
> 故人去何许，征驾楚天杳。
>
> 遥忆洞庭波，叶下风袅袅。[③]

幕客生涯无疑是艰辛的。其兄陈祚明1670年在山东任幕时就曾留《冬日感怀》诗五首言心境。其一云：

> 百悔何能赎，嗟来幕府人。
>
> 何堪知案牍，终日学商申。

---

① （清）龚鼎孳：《清名家诗丛刊初集·龚鼎孳诗》，广陵书社，2006年，第881页。

② 章培恒：《洪昇年谱》，上海古籍出版社，1979年，第166页。

③ （清）洪昇：《洪昇集》，浙江古籍出版社，2012年，第164页。

锻炼增冤鬼，模糊怼狱神。

小窗风雪夜，暗烛似青磷。[1]

忍气吞声的"嗟来幕府人"虽不好当，但为了一大家族的营生，陈晋明任武昌幕长达18年之久，最后于康熙三十四年（1695）春天卒于任上。洪昇有《悼陈康侯处士》诗云：

君亡已宿草，吾未荐生刍。

嗣子胜衣未，遗文在箧无。

羁魂湘水断，旅榇楚山孤。

月落苍梧野，春风叫鹧鸪。[2]

与其三哥一样，客死他乡，连棺木都迟迟难返故乡。就是这样沧桑的人生历程，使得陈晋明在晚年谒故乡东明寺登临大遮山时，写就了一首《大遮山望钱江怀古诗》，被载入《康熙钱塘县志》卷之二以及《乾隆杭州府志》卷十四"大遮山·东明山"条目中。

海云半浸越王城，城上钲笳处处声。

---

① 马大勇：《清初庙堂诗歌集群研究》，吉林人民出版社，2007年，第130—131页。

② 《洪昇集》，第409页。

> 为有楼船杨仆使，独标铜柱马援名。
>
> 殊方自合归常贡，汉将何须事远征。
>
> 武帝秦皇俱寂寞，更闻方士访蓬瀛。[1]

"东明寺在安溪大遮山前，建文君为僧至此有遗像。东明杲（'昰'字之误）禅师所建。今佛座前塑建文像以当万岁牌，殿为无尘殿，及庭前牡丹岁发千花云，俱是建文君遗迹也。"[2]《康熙钱塘县志》如此描写东明寺和大遮山。陈晋明不在杭城钱江畔吴山、六和塔等处发诗性，而是在东明山远眺钱江怀古，显然是因为建文帝靖难遁隐东明寺的故事而触发。

"钲筎"乃古代军中的一种乐器。站在大遮山巅，陈晋明仿佛听到了远自越王城传来的阵阵厮杀之声，那分明是他年少时跟随兄长在绍兴抗击清军的战斗残音。杨仆、马援都是《史记》中的人物，是为汉武帝和光武帝所遣征伐东越、南越等异族的将领。"殊方自合归常贡，汉将何须事远征"，此句隐喻了清朝入主中原的有效性，江山易主是历史的宿命，即便是伟大的秦始皇、汉武帝又能怎样呢？如今"俱寂寞"而已。秦时的方士徐福等访蓬莱而去，而昔日自己的战友有

---

[1] （清）郑云：乾隆《杭州府志》卷十四，北京大学图书馆藏，1784刻本，第37页。

[2] 《钱塘县志》卷十四，第31页。

好多也逃禅跟随隐元隆琦禅师赴东瀛弘扬佛法去了。

诗人陈晋明以这样苍凉的人生经历，在东明山写下了如此怀古喻今、借古忆旧的诗篇，完全在情理之中。陈晋明与其三哥陈祚明有一个共同的好友叫陆嘉淑（1620—1689），也许是受陈氏四兄弟不屈人生的感召，也许是纯粹的缘分巧合，由陆嘉淑又引出了另外22位反清义士与东明寺的故事。

这个故事名叫《东明寺异人》，清末民国初年，有许多文集以小说或传记的形式收有该故事，如张培仁的《妙香室丛话》、丁丙的《三塘渔唱》、天台野叟的《大清见闻录》等都载有其文，内容大同小异。说的都是在顺治初年，有22位反清义士到东明寺祭拜建文像后，杀向湖州，虽然大捷，但是仍然觉得复明无望，结果全部投碧浪湖而死。

笔者比对这些资料后发现，《东明寺异人》最初的文本出处应该是查慎行（1650—1727）所撰的《人海记》，而《人海记》中又明确指出该故事来源于东明寺的指月和尚。

查慎行，乃东明寺愚山藏法嗣中洲海岳禅师的诗友，原名嗣琏，字夏重，浙江海宁人，国子监生员，后因观演《长生殿》与作者洪昇一同被除名，也因此更名为慎行，字悔馀，号初白。说来有趣，查慎行少年时除拜黄宗羲为师学习经史以外，还跟随诗人陆嘉淑学诗。陆嘉淑，字冰修，号射山，又号辛斋，也是海宁人，博览群书，诗文清丽，提笔能写就数千言长诗。据清人蔡澄《鸡窗丛话》记载，陆嘉淑非常赏识查慎行的才能，愿意将女儿许配给查慎行，然而，查慎行家穷，连迎娶陆嘉淑女儿的能力都没有。1667年正月，女儿已满17岁，陆嘉淑看着着急，心生一计，骗其女儿说："我们去你舅舅家拜年吧。"女儿欣然答应。两人便乘上小船，实际上没去舅家，而是来到了查慎行家。陆嘉淑先入查家，对慎行的父亲说："我们的儿女都长大了，可以成婚了。"慎行的父亲也是名士，虽心中乐意，但拘于礼法，不好意思地回答道："我们家穷，不能备六礼，即便是将就着备一桌酒席，也非仓促间就可以办到的。"陆嘉淑说："这些都不需要，今天是吉日，我已经特地将女儿送来了。"就这样，查慎行成了陆嘉淑的女婿。果然，陆嘉淑没看走眼，查慎行后来因诗文而名扬天下，成为东南诗坛领袖。查慎行一生作诗上万首，选定其中4600多首编成《敬业堂诗集》四十八卷、《续集》六卷和《词集》二卷刻印，其子孙搜集汇编其文章成《敬业堂文集》三卷。[1] 据说，当代小说家金庸（查良镛）所撰《鹿鼎记》的回目实际上都出自其先祖查慎行这些诗集中的对句。[2]

---

[1]（清）萧穆：《敬孚类稿》，黄山书社，1992年，第392—394页；（清）王简可：《陆辛斋先生年谱拟稿》，《北京图书馆藏珍本年谱丛刊》第75册，北京图书馆出版社，1999年，第347—386页。

[2] 吴晶、郑绩：《浙江历史人文读本·诗渊文薮》，浙江古籍出版社，2013年，第148页。

陆嘉淑与查慎行翁婿关系甚好，在查慎行居京师写作京师见闻录《人海记》时，陆嘉淑给女婿讲了一个从东明寺指月和尚那里听来的故事，这就是《东明寺异人》的原初素材。查慎行用四百来字，将其写入了《人海记》中，并在结尾处注明"外舅陆辛斋（陆嘉淑）述寺僧指月之语"，全文如下：

钱塘大遮山东明寺，相传建文曾避迹于此。本朝丙戌某月某日，有二十二人，皆伟干杰貌，免胄而入，命守僧以米三斗作饭，豆一斗作乳，仓卒具食。僧异之，问饱未，曰："未也，亦不敢饱。"饭后遍视佛像，不拜，见建文像则拜而下泣。一人在前，余随后，不敢并。已而求浴，里衣朱殷，肤如刻漆。人臂二弓，腰二铳，试鸟雀不一失。铠仗重铁，度所负荷皆百余斤。其一人泣拜者，挽鞭重数十斤，合二僧之力仅能举，而彼运之如棕拂竹如意。问邑里、姓氏，不答。闻其声知为北人也。问今何往，则泪隐隐承睫，曰："吾糗尽，游观天下，无可起事者。吾安之乎？"曰："三吴足，赋可就也。"曰："取三吴未能集事。"僧曰："以诸公之敢力赴义，何患无成？"默不应。讽之苦空，亦不应。僧曰："即出，值官兵，奈何？"曰："吾仗剑行数千里，先后所值，何啻百千，彼乌能难我？"僧曰："自此天目，民寨百余所，称义师，能往观乎？"曰："曾按视一二所，皆盗耳，不足目也。"因问道，僧述天目、径山、湖州之程。曰："吾

之湖州。"曰："湖州多守兵。"曰："固欲遇守兵。"遂
胄而去。每一人胄，两人力收之。目欲迸火。寻闻其遇守兵，
杀五百余人，而二十二人无恙，忾然叹曰："我多杀亦何益？
且吾所以来，岂为此辈哉！"皆投碧浪湖死。外舅陆辛斋（名
嘉淑，字冰修）述寺僧指月之语。[①]

东明寺是否真的到过这22位有些怪异的义士，我们已
无从考证，但当时与东明寺相关的名人中出过一些如黄端伯
那样的抗清义士则是查有实据的。

其实，陆嘉淑本人的父亲就是为明亡而绝食殉国的。据
《陆辛斋先生年谱拟稿》记载，陆嘉淑之父陆钰，字真如，
万历戊午年举人。1645年，南京沦陷，见群邑兵起，陆钰叹曰：
"此徒毒生灵耳。"于是，绝食12天，于九月三十日卒。[②]
陆钰之叹"此徒毒生灵耳"与《东明寺异人》中异人之叹"我
多杀亦何益"何其相似。

佛家讲究因果律，认为每一件事物的发生必然有其缘起。
正因为东明寺有明朝建文帝遗像，且出现过以上这些相关的
抗清义士，再加上查慎行与陆嘉淑的特殊经历，编写出《东
明寺异人》的故事也就不足为奇了。又有谁能明确否定，这

---

① （清）查慎行：《人海记》，北京古籍出版社，1989年，第
49—50页。
② 《陆辛斋先生年谱拟稿》，第348页。

不是一件真人真事呢？明末高僧憨山德清禅师的《醒世咏》写得好："春日才看杨柳绿，秋风又见菊花黄。荣华终是三更梦，富贵还同九月霜。"[1]天子也好，义烈也罢，是非成败转头空，东明山依旧在，几度夕阳红。

---

① 马超：《高僧说什么》，中国财富出版社，2013年，第135页。

第十章　诗之所在　道之所归

禅宗主张"不立文字，教外别传，直指人心，见性成佛"，可是，要让门徒证悟，却又少不了师父的导引，这便陷入了欲言又不得言的悖论中，于是"棒喝""参话头""参公案"等手段相继流行。然而，对于常人，师徒间的禅机交锋，听起来前言不搭后语，无异于打哑迷，也好似疯子对话。所以，又有高僧想出了一种比况的办法，引诗入禅，以画喻禅，将人心比作牛，将参禅修心比喻成童子牧牛，这就有了"牧牛十诗""十牛图颂"等比况"证悟过程"的方便之门。《嘉兴大藏经·普门禅师牧牛图颂》就收有玉林通琇、箬庵通问、山茨通际等临济第三十一世传人唱和颂牧牛图的诗歌图集。[①]实际上，无论是诗人，还是画家，他们所擅长的就是直觉思维，简约、跳跃，不以逻辑规则分析推导，与禅宗的顿悟颇为契合，所以禅门多以四韵八句付法，既出了皎然、贯休那样的诗僧，也流传有白乐天、苏东坡等诗词大家与佛门高僧交好的许多故事。东明寺自孤云禅师继兴，传临济宗第三十三世乳峰超卓、愚山超藏等禅师后，还出了一位名扬天下的诗僧，他就是临济宗第三十四世传人中洲海岳禅师。

---

① 《佛光大藏经·宗论部》，《禅关策进》外10部，第730页。

　　海岳，字菌人，号中洲，亦作中州，又号问牛主人，俗姓张，
江苏丹徒京口（镇江）人。《五灯全书》卷一百零六有《盐
官中洲海岳禅师》，《正源略集》卷十一载《黄山慈光寺中
洲岳禅师》，《江宁府志》记载其曾住持江宁清凉寺，由此
可知其曾在海宁盐官安国寺、安徽黄山慈光寺、南京清凉寺
等处卓锡任方丈。另外，《光绪嘉兴府志》还载其曾主席海
盐金粟寺、石门福严寺等，但这些文献都仅提及了他的一些
上堂法语和有名诗句，未录其具体生卒年。好在其工诗善画，
喜游山水，与社会名流多有诗文酬唱，所以从当时刻印的许
多文集中能搜罗出一些他的生平行迹。

　　康熙三十年（1691）二月，徽州知府靳治荆邀请著名思
想家黄宗羲游黄山，黄宗羲时年 82 岁，为了实现夙愿，不
顾高龄老迈，受邀前往游历了两个月。[①]一日，黄宗羲行至
慈光寺，不巧住持中洲海岳外出，因避雨枯坐，顺手拿起桌
上主人的诗集抄本《绿萝庵诗》阅读，觉得其诗如"凄风拂
林，鸣弦映壑，似无意为之，而未始不工也"[②]。黄宗羲与
中洲海岳此前虽从未谋面，但当中洲海岳匆匆赶回慈光寺待
客，请求客人为其诗集作序时，黄宗羲念及自己早年曾在海
宁盐官讲学，中洲海岳也曾住持盐官国师道场，又是弟子查

----

① 曹国庆：《旷世大儒黄宗羲》，河北人民出版社，2000 年，
第 116 页。
② 沈善洪主编：《黄宗羲全集》（第 10 册），浙江古籍出版社，
2005 年，第 100 页。

慎行等人的诗友，倾盖如故，颇感亲切，欣然应允，撰写了《绿萝庵诗序》，内中记录了中洲海岳的凄惨身世。曰："师家京口，己亥之变，百口举遭缧绁，师以三尺童子直其诬。未几而父殁，三年庐墓，遁迹方外。"① 以此可知，中洲海岳原本出身儒家，大约生于 1656 年前后，1659 年 5 月，因南明延平王郑成功北伐克芜湖，取镇江，攻打南京城未果，中洲海岳一家老小百余人受诬告牵连被清廷羁押，当时中洲海岳虽然只是三尺童子，却能大胆伸冤。没多久，其父病故，中洲海岳守孝三年后便出家做了和尚。

在海岳的《绿萝庵诗》中，有一首《九莲诗》，诗前写了一段引子，有句言："盐官妙智阁南旧有池名九莲者……庚申春，余忝挂衲于此……"② 可见，海岳最初是在盐官妙智阁削发出家，时间是 1680 年春。

---

① 《黄宗羲全集》（第 10 册），第 100 页。
② （清）中洲海岳：《中洲海岳文集》（张昊校注本），上海古籍出版社，2016 年，第 307 页。《光绪杭州府志·艺文志九》列有《绿萝庵诗集》一卷，言"国朝安国寺僧海岳中洲撰"；据柯愈春《清人诗文集总目提要》（北京古籍出版社，2002 年），今存《绿萝庵诗》二卷，约康熙间刻，南京图书馆藏。笔者即以南京图书馆藏本为据略考了中洲海岳的相关诗文。2013 年 7 月底，《东明山文化丛书》总编张炳林先生经不懈努力，终于收集到台湾图书馆所藏中洲和尚《黄山木莲花百咏》孤本，连同南京图书馆藏中洲和尚的《黄山赋》抄本、《万山拜下堂稿》《绿萝庵集》等善本，并于 2016 年 11 月由上海古籍出版社出版了校注本和影印本。（参见张炳林《中洲海岳文集后记》，《中洲海岳文集》，第 1055 页。）

也就是在盐官，海岳与从东明寺移锡安国寺的愚山藏禅师结下了师徒之缘，并在安国寺嗣法出任住持，成为临济宗南岳下第三十七代（即临济宗第三十四世）传人，后又相继住持海盐金粟寺、石门福严寺、黄山慈光寺、钱塘东明寺、江宁清凉寺、德清吉祥寺等，最后终老于黄山，葬于慈光寺侧古岩，寿约 80 余岁。

海岳的《绿萝庵诗》，有二篇序言，一篇为黄宗羲所撰，另一篇则是出自当时的著名词人曹贞吉（1634—1698）之手，曹贞吉在序言中将海岳与唐代皎然、灵一、齐己、贯休等著名诗僧相媲美，并誉其为"法门龙象也。而乃殚力于诗"[1]。

其实，在海岳自己看来，诗与佛道本来就是相通的。雍正三年（1725），钱塘诗人朱樟带着自己新撰的诗集《一半勾留集》，赴南京清凉寺老鳌山房，请老友海岳为之写序，海岳欣然应之，曰："余老废，不复精诗，又何足与言诗？然余虽不精求于诗，犹窃信浮慕于道。道与诗，一而二，二而一者也。……诗之所在，即道之所归。"[2] 因此，海岳尽管身在方外禅修，但有很多时候是在游历江南的各大山川，结交诗友，与他们唱诗和诗。除《金山诗》之"遥天岂肯随

---

[1] （清）曹贞吉：《绿萝庵诗序》，《中洲海岳文集》（张昊校注本），第 131 页。
[2] （清）中洲海岳：《一半勾留集叙》，朱樟《四库全书存目丛书》集部第 258 册《一半勾留集》，齐鲁书社，1997 年，第 768 页。

江尽，万派应知到海难"①等名句外，还有以下诗集付梓：

《绿萝庵诗》，康熙年间刻本，南京图书馆藏有上下卷合订本和二卷本两种；

《黄山赋》，康熙四十一年刻本一卷，南京图书馆、北京市文物局、江西农业大学图书馆等处有藏；

《万山拜下堂稿》，南京图书馆藏；

《黄山木莲花百咏》，乾隆四十八年抄本，台北"中央"图书馆藏；②

《双髻堂唱和诗》，与唐建中（？—1745，字赤子，号南轩）合著，现存处不详。③

从以上这些诗集的内容不难判断，海岳的足迹遍及湖北、湖南、江苏、浙江、安徽等省的许多名胜地，结交了徐倬、朱樟、朱尔迈、八大山人、黄宗羲、方观承、方式济、唐建中、

---

① （清）王豫：《江苏诗征》，海西庵诗征阁，1821年，美国哈佛大学图书馆藏。

② 柯愈春：《清人诗文集总目提要》，北京古籍出版社，2002年，第297页。

③ 参见哈佛大学所藏1821年海西庵诗征阁刻本王豫《江苏诗征》；另据徐世昌《晚晴簃诗汇》注曰："钱塘安溪东明寺有牡丹一株十干，一干百花，传是让帝时物。竟陵唐建中赤子与菌人各作五言长篇纪其盛，名《双髻堂唱和诗》。"（徐世昌：《晚晴簃诗汇》，中华书局，1990年，第9025页）

查慎行、心壁等一大批当时的诗人和文坛名家。查慎行是黄宗羲的弟子，他曾在南京为海岳写过一首《赠清凉中洲禅师》，诗中描述了他与海岳的情缘以及海岳的诗风。诗曰：

> 师在吾乡住十年，风尘南北见无缘。
>
> 眼前一片清凉界，二老相逢亦偶然。
>
> 经史纷纶入剪裁，黄山赋可压天台。
>
> 波流云委三千字，一句何曾杜撰来。（师有《黄山赋》，皆集古人成句为之。）[1]

海岳的《黄山赋》，洋洋洒洒共8073字，全部采用古代六经名篇中的经典名句纂集而成，充分展现了其渊博的学识和匠心独运的诗才，正如清一代名臣方观承（1696—1768）评价："非读破万卷书不能办也。"[2]《光绪嘉兴府志》写其传时也赞曰："黄山一赋宇内喧传。毛西河太史尝谓：佛门无博学者，中公是赋，博极群书。"[3]

海岳在黄山慈光寺担任住持长达30多年，除《黄山赋》

---

[1] 王云五主编：《敬业唐诗集附续集》（《万有文库》第二集），商务印书馆，1937年，第54页。

[2] （清）方观承：《宜田汇稿》，《四库全书存目丛书补编》第30册，齐鲁书社，2001年，第455页。

[3] （清）吴仰贤：《嘉兴府志》卷六十二，1879年，中国数字方志库（f.wenjinguan.com），北京籍古轩图书数字技术有限公司发行。

外，还留下了专咏慈光寺木莲花的七律诗 100 首。其中一首如下：

> 重峰绝岩结根深，冬雪春冰肯自任。
> 既傍高岩花得所，岂辞胜日客相寻。
> 凌霄贞干同松柏，洁己声名重玉金。
> 叹息开山人已矣，还将孤树表坚心。[①]

"木莲"，顾名思义，木本的莲花，源自西域，叶与花皆近似深山含笑。据程弘志《黄山志》（1674）载："叶经冬不凋，盛夏始花，瓣九出，俨似玉兰，香遍山谷。"[②] 所以，也被佛家视为圣洁的象征。海岳的这首木莲诗，字里行间，都充满了对"木莲"高洁品质的赞叹。

古人通讯联络不便，友人往来无法预约，再加上僧人有闭关静修的习俗，所以好结交诗友的海岳难免时常吃"闭门羹"。他因此写了不少题为"访某某人不值"的诗，其中有一首《访友不值》，后来常被作为其代表作收入各种诗选之中，全文如下：

[①] 刘夜烽等选注：《黄山诗选》，安徽人民出版社，1983 年，第 241 页。
[②] 胡一民：《神秘诡异的黄山木莲》，《园林》，1995 年第 2 期，第 6 页。

> 寻君复不见，寂寞出林间。
>
> 落叶溪边路，浮云海外山。
>
> 午烟桑柘隐，秋色户庭闲。
>
> 爱尔幽栖好，归来亦闭关。[①]

海岳亦诗亦禅的品格，在这首《访友不值》中，展现得淋漓尽致。既然他嗣法于愚山藏禅师，定然会与钱塘东明寺结缘。在正式出任东明寺方丈之前，他就已过访东明山的月声禅师，写了一首《早春过梅竹山斋赠月声师[②]》，诗如下：

> 双髻之南安溪北，索居君已成幽独。
>
> 春风一棹到溪头，溪云相引入山谷。
>
> 梅花千树竹万竿，香光满坞琐寒绿。
>
> 我来况是正月前，山家景物初新鲜。
>
> 主人情意亦何好，再三留住过月圆。[③]

[①]《晚晴簃诗汇》，第 9025 页。

[②] 笔者在 2011 年初春（农历正月初七）探访东明塔院遗址时，曾发现一块塔柱，上刻"傳臨濟正宗第三十四世疸杲禅師塔"，没有立塔时间，但根据其辈分推算，当是中洲海岳的同参。古人名与字以及号往往有关联性，"念夜"与"月声"意思可互训，"月声"很有可能就是这位念杲禅师的字或者号，当在中洲海岳之前出任过东明寺住持。

[③]《中洲海岳文集》（张昊校注本），第 235 页。

　　康熙癸未年（1703）夏，海岳从黄山慈光寺受请往钱塘东明寺出任住持，途中在德清拜访了时年 80 的诗界前辈徐倬（字方虎，号苹村，1624—1713），写了一首《寄徐方虎》，而徐倬则回赠了一首《酬中洲见赠》，徐倬的诗作中前有引子，中有注释，全诗如下：

　　中洲上人从黄山至东明寺，枉道访余。东明有惠皇帝像，做僧伽形。其手植牡丹尚存。

　　　　世间谁硕果，句里觅声闻。

　　　　忽遇黄山叟，来铺黄海云。

　　　　锡飞天地小，瓢挂楚吴分。（上人已为慈光寺住持，今复主东明，路越三千里，地分吴楚矣。）

　　　　叹息维摩室，劫灰要问君。（前晤乃书室未煅之时）

　　　　苍龙潜鹿苑，白浪吼云门。

　　　　晓泣花王露，宵啼望帝魂。

　　　　河山终改玉，香火尚流髡。

　　　　试倚珠楼望，天边月一痕。（用帝《新月》诗语）[①]

---

① （清）徐倬：《修吉堂文稿》，《四库全书存目丛书》集部第 246 册，齐鲁书社，1997 年，第 214 页。

徐悼在此首诗中对建文帝逊迹东明山，手植牡丹一事感慨万千。海岳到任东明寺后，面对东明寺的牡丹花，与翰林院编修唐建中诗文酬唱，也留下了著名的《双髻堂唱和诗》。清人王逌敏记载曰："菌人尝主席钱塘安溪之东明寺。寺有牡丹一株十干，一干百花，传是让帝时物。竟陵唐建中赤子与菌人各作五言长篇纪其盛，名《双髻堂唱和诗》。"①

海岳好畅游山水，既在钱塘，哪有不寄情西湖山水之理。西湖以及三面环山的灵隐、云栖、琅珰岭都留下了诗人美妙的诗句。择其一二，移录如下②：

西湖晓行

家住武林西，湖山路不迷。

为探春信息，清晓踏苏堤。

西湖晚步

西泠风日晚相牵，徐步行来花柳前。

游骑六桥嘶落照，酒船两岸弄浮烟。

云归岭脚山屏合，月到湖心水镜圆。

此景此时诚不浅，何须更说唐宋年。

---

① （清）王豫：《江苏诗征》，海西庵诗征阁，1821 年，美国哈佛大学图书馆藏。
② 《中洲海岳文集》（张昊校注本），第 354、301、316 页。

宿灵隐

龙宫鹫岭路漫漫，到此方知境界宽。

西子湖为明镜照，飞来峰作画屏看。

暮云缥缈金绳润，春雨涳濛石笋寒。

坐至夜阑群籁寂，钟声引月上林端。

好一句"坐至夜阑群籁寂，钟声引月上林端"，诗境与禅意的互为渗透，跃然纸上。正因为海岳认为，"诗之所在，即道之所归"，所以他的上堂法语往往也押韵成诗。他卓锡德清吉祥寺时就留有如下六言诗法语：

诸方今日安居，吉祥事无一向。

他人行处不行，他人尚处不尚。

日午惯打三更，个是渠侬伎俩。

谩夸夺食驱耕，剖腹刳心保障。

直饶问若兴云，须知不肯轻放。

从前宝惜填膺，就请一时洗荡。

若恋兔径游行，辜负三登九上。

者里不比寻常，佳器须资敏匠。

何必口似辘轳，只要一言谛当。

此事真实相为，敢有一毫欺诳。①

---

① （清）达珍：《正源略集》，《续藏经》第 145 册，第 423 页。

在吉祥寺，海岳将临济衣钵传给了大文相，大文相禅师因此成为临济南岳下第三十八世。大文相禅师生平不详，《正源略集》仅简单地记有一段他的上堂法语，曰："天空云净，九皋之鹤高飞；浪静波恬，四海之龙稳睡。今日来，昔日去，善知识之脚跟，本无固必。用则行，舍则藏，大丈夫之肝膈，自有权衡。"[①]

耄耋之年的海岳自知来日无多，也是"自有权衡"，停止了云游的脚步，回到了其钟爱的黄山。在那里，他继续向信众开示："终日忙辘辘地，都是没要紧事。且道那一件是要紧底？"说完，停顿了好久，终于又蹦出四个字来："几乎忘却！"[②]是啊，人们奔波忙碌，无非就是为了功名利禄，却不知，人生苦短，到头来，皆是一场空。中洲海岳禅师，幼遭劫难，遁入空门，虽一无所有，却也诗意地走完了一生，就如他自己所言："他人行处不行，他人尚处不尚。"作为禅宗传人，其对禅的理解如何？他的回答是："略说广说，喻说直说，赞说毁说，安立说显了说，以至尘说刹说，炽然说无间歇，总不出这一句。且道是那一句？喝一喝曰：'蚊子上铁牛，无你下嘴处。'"[③]欲将"禅"说明白，谈何容易？连"下嘴处"都找不到，还是"不立文字"为好。不过，他

---

① 《正源略集》，第 416 页。
② 《五灯全书》卷一百零六，《续藏经》第 142 册，第 44 页。
③ 同上。

罗列了那么多"说"，并没排除"诗说"，他也早就有言在先："诗之所在，即道之所归。"于是，笔者不揣，再录一首其《读史》诗，以状其对人生的领悟。

> 天地傀儡场，圣贤傀儡子。
>
> 古往复今来，循环无有已。
>
> 尧舜夫尚然，周孔亦徒尔。
>
> 其余才艺人，卑卑不足语。[①]

正如海岳所言，天地原本就是一个傀儡场，造物主妥妥地安排好了时势气运。东明寺自临济正宗第二十三世传人虚白慧昷开法后，一是经二十四世海舟普慈、海舟永慈以及二十五世宝峰瑄的三代蔚兴，声名远扬；二是有建文皇帝逊位隐迹于此六年的传说，林木茂盛，环境清幽，除了香客以外，自然也就成了文人墨客游吟题咏的好去处。不过，杭州城内原本就多佛寺，且也风光迤逦，如果没有便利的交通，东明寺的香火是断然不可能旺盛的。民谚有曰"南船北马"，古代的南方，所谓交通便利，所指大约就是水路通达。东明山麓便是安溪，与余杭各大水路相连，亦通京杭运河，于是也就不乏杭州的香客和文人前往赏游。

民国时期，曾有作家陈醉云游东明山，他在《安溪行记》中这样写道："见溪边路旁，有许多木柴，堆作一垛一垛，

①《中洲海岳文集》（张昊校注本），第159页。

形成一种特殊的风光。这些木柴是从山上砍下，寄放在此处，预备装船运往别处的。"① 具体运往何处，作者没写，但既然是运送木柴，不由让人联想起杭州弥陀寺近旁的"松木场"，是否与那里有关呢？在古代，"松木场"还有一个音义相近名字，叫"棕毛场"。清人翟灏《湖山便览》曰："松木场，一作棕毛场，凡吴郡士女春时进谒灵、竺，泊船于此。"② 其实，岂止杭嘉湖到灵隐、天竺进谒的香客在此处登陆，杭城前往东明山进香的香客和文人墨客大多也是从此处码头上下船的。

话说诗僧海岳自黄山慈光寺移锡东明寺后，自然吸引来了一些文人墨客前往东明山进香并与之诗文酬唱。乙巳年（1725）农历三月，钱塘诗人朱樟（字鹿田，号慕巢，康熙三十八年举人，曾任泽州知府等职，卒年八十一），官场失意，携一家八口退归故里杭州。此年暮春，细雨如烟，他从松木场乘船，又一次前往东明山谒香，一路怅惘寥落，借景抒情，留下诗作十三首，真可谓"一路诗歌一路愁"。

棕毛场

围棋山下晚花香，鱼弟鱼兄尽作场。

两岸人家三月市，卖多黄竹女儿箱。

---

① 陈醉云：《安溪行记》，《交通职工月报》，1936年，第11、12期合刊，第87页。

② （清）翟灏等辑、（清）王维翰重订：《湖山便览》，上海古籍出版社，1998年，第82页。

香荡环环接下河，小棋书尽酒名多。

过桥有客唤船去，奈此一溪风雨何。[①]

看样子，当年的松木场，已然是一个繁忙的码头，鱼市、酒楼、人家，还有晚花香，一派热闹景象。

舟中雨望

长溪走白烟，舟认烟中泊。

风雁橹声遥，危桥帆影落。

苍茫武林路，一墅抱城郭。

泼火气渐微，滴篷声大作。

渔人冒雨归，蓑笠半不着。

避漏坐屡迁，无计遣寂寞。

呕哑驿路转，小径通略彴。

是时方浴茧，村酒不可酌。

绿阴天易晚，暮景逼帘幕。

水淳烟欲行，人定风少却。

从来巢居者，安识此郊乐。

他日画成图，孤舟趋下若。[②]

---

① 《一半勾留集》，第 780 页。
② 同上。

船出武林，雨中过十里湖墅，渐行渐离闹热，渐行天色渐晚，渐行舟船渐孤，不免勾起作者的一怀感伤。朱樟全家原本乐居京师，然不得已回归故里，感叹曰："鹡鸰之巢无一枝焉。"于是给自己取号"慕巢"。白居易当年是离任杭州回京师长安，留下诗句"未能抛得杭州去，一半勾留是此湖"，然而，对于失落返乡的朱樟而言，心境却正好相反，勾留遥念的却是京师的仕宦生涯，所以，他将自己忧居杭州写就的诗集取名《一半勾留集》。[①]他此次再去东明，是否想到那里找寻建文皇帝"勾留"京师的共鸣呢？我们不得而知，不过，"村酒不可酌"，连借酒消愁的场所都找不到，预示着作者的此行大概是不会尽兴的。

果然，是夜作者抵安溪，夜宿东明寺的下院接待寺，接待寺已然物是人非。

宿接待寺

隔溪渔火度春塍，岸上人眠唤不应。

桑下只偿三宿愿，灯前已换十年僧。

窗惊梦雨多无赖，泪寄封书久未能。

香篆频销谈往事，论松新长压枝藤。[②]

---

① 《一半勾留集》，第 769 页。
② 同上，第 780 页。

雨过天晴，然而，面对苕溪大桥，作者心境并未多少好转。

苕溪大桥晚望

对岸忽佳霁，余杭无数山。

照人溪不浅，唤雨鸟初还。

梦老青芜国，花深绿豆湾。

凭虚一怅望，消得此春闲。[①]

"青芜国"，作者自注语出唐代诗人温庭筠的《飞卿集》，温庭筠《春江花月夜》诗中有"玉树歌阑海云黑，花庭忽作青芜国"句，是说繁花盛开的庭园，经过春雨的摧残，转眼变成了杂草丛生的萧瑟世界。此时的朱樟，一定是联想到了自己的命运与温庭筠一样，坎坷不济，只能来到此佛寺中，"凭虚一怅望，消得此春闲"了。

与作者心情相应的是，东明山自孤云鉴、愚山藏以及中洲岳的再一次"三代蔚兴"后，又重归了萧条没落。

泛苕溪

绿水知难吐，微波作晕圆。

荒祠依老树，小艇叠空船。

麦气浮青岸，桐花带淡烟。

---

① 《一半勾留集》，第780页。

别来年月人，倚柁转凄然。①

苕溪凄然，东明山亦然。

东明山·入山

髻峰梳裹翠嶙峋，洗眼难寻昨岁春。

啼雨但闻归去鸟，入山才有看花人。

香藤倚树垂无力，乱石粘苔冷透身。

一径穿林风更紧，渐无鸡犬渐离尘。②

入山幽径，可叹物非人亦非。

东明山·过亭

踏叶荒林蕙露微，绿萝庵毁客来稀。

山中行雨复坐雨，亭上脱衣还着衣。

笋坞封泥修竹贱，茶园香晚画眉飞。

石头路滑终难问，时有孤僧戴笠归。③

诗中，作者注释曰："山有绿萝庵，山茨禅师建。僧徒结夏谓之'坐雨'。山有'脱衣''着衣'二亭。"此时，

---

① 《一半勾留集》，第780—781页。
② 《一半勾留集》，第781页。
③ 同上注。

作者的诗友中洲海岳早已离开东明山去了南京清凉寺，将住持一职交给了从黄山慈光寺带来的徒弟丽雅印诰禅师，诗中所及"孤僧"指的就是丽雅禅师。

东明山·到寺

尖头屋底曲遮门，白吐山腰午未分。

扫地渐通花信息，避人先断鸟知闻。

帘前净绿薰萝荐，栏外晴红绕梦云。

与客寻思参玉版，香刍气味已除荤。[1]

应主人之请，朱樟留诗一首，主题是东明寺的牡丹花。其诗引曰："殿前牡丹一本，相传明建文帝手植，高二丈许。怒芽丛生，花床千计，为兹山胜迹。丽上人索诗因题长句。"诗如下：

满幕尖风绣作堆，托根传自让王栽。

六时值得千回看，四照都如一面开。

瑶朵欲扶春雨重，叠波微换浅霞催。

参差只似帘垂地，劝酒真须画里来。

艳多烟重总天妍，初见红楼散锦筵。

下殿僧来同避世，举头花笑梦谈禅。

---

[1]《一半勾留集》，第781页。

欲询往事多无赖，待饯残春又一年。

不与芳菲潜结伴，宫中老佛有谁怜。[①]

　　相传建文帝晚年到北京，被宣宗皇帝收容，被尊称为"老佛"。在朱樟看来，连逃逸的建文皇帝都不甘寂寞，不愿意继续过与花草相伴的隐居生活，回到了皇宫，宁可老死于宫中，自己不甘于官场的失意也就理所当然了。但是，丽雅禅师却不以为然，一番禅说，使朱樟惆怅凄然的心境得到了很大的安慰。临别，又留诗。

留别东明寺主丽雅上人（三首）

从师黄岳至，挂锡水乡间。

剃草曾迎客，留花不下山。

法高双树说，尘毒一珠还。

相访萝钩外，寻春此扣关。

花宫选妙色，人赴牡丹期。

直为吟诗晚，但言相见迟。

鸟鹆抛去饲，茶煮摘来枝。

净扫沉香坐，孤云是本师。

---

① 《一半勾留集》，第 781 页。

微凉吟殿角，窗有蜜蜂声。

出寺逢樵弟，还山拜乳兄。

半瓶寒雨活，一饭妙香生。

受记呈材日，新篁绿已成。[①]

　　诗文在叙述了孤云、乳峰、海岳三代卓锡东明山历史的同时，对年轻的丽雅禅师倍加期待，言其随师自黄山来，熏染孤云鉴、乳峰卓等先祖的禅风，套用一句高峰原妙夸赞中峰明本的语录，犹如"一竿新篁，他日成材未易量也"。更为重要的是，丽雅禅师在东明寺无尘殿对诗人的一番开示，使得耽迷于仕宦功名的诗人像服用了一粒灵丹一样，从世俗的"尘毒"中苏醒了过来。诗中所及"双树说"，应该是指智者大师所言的"枯荣智慧，以为双树，若见佛性，非荣非枯，为中间而般涅槃"[②]。相传药山惟俨禅师曾指着寺前两棵树，问弟子们说："荣一棵，枯一棵，哪一棵好？"弟子道悟答："荣的好。"弟子云岩则答："枯的好。"而一旁经过的高沙弥则说："枯者从他枯，荣者从他荣。"药山惟俨禅师听后，连连否定："不是，不是。"[③]以笔者的粗浅理解，菩提本无树，何来荣与枯？若言从他去，犹是无明徒。觉悟了，

① 《一半勾留集》，第781页。
② （隋）智𫖮：《四念处》卷四，《大正新修大藏经》第46册，新文丰出版公司，1983年，第579页。
③ 《指月录》（上），第277页。

就是没有了分别心，就无所谓荣也无所谓枯，更无所谓从不从他去了。

听了丽雅禅师的一番开示，朱樟但觉与丽雅禅师相见恨晚，心情释然，下得山去，高高兴兴地游览了附近的金龙大王庙、陈眉公圣迹。其有诗《苕溪夜发》曰：

> 淡绿出溪月，隔桥灯乱红。
> 牵吟春水上，分梦橹声中。
> 晚雾收帆夜，回塘拍岸风。
> 采香来凤口，回首异花宫。[1]

在淡淡的月光照耀下，诗人仿佛在春水荡漾、橹声吱吱中吟诗进入了恬然的梦乡，恋恋不舍地远离东明山归去。

正如草堂清评注《指月录》药山师徒"枯荣双树"的对话曰："深信高禅知此意，闲行闲坐任荣枯。"[2] 没过多久，丽雅禅师本人也离开了寂寥的东明寺，以师父中洲岳禅师为祖师，另辟道场，又开了一枝临济宗分脉。

---

[1]《一半勾留集》，第782页。
[2]《指月录》（上），第277页。

第十一章　人生只有修行好 天下无如吃饭难

中洲海岳禅师钟爱黄山，缘于他的诗人气质，常以诗会友，游历了不少江南名胜，也驻锡过海盐、钱塘、江宁等地的诸多道场，追随其左右的有一位同样喜好诗文的弟子，他就是临济宗第三十五世传人丽雅印诰禅师。也许如前章所述，丽雅禅师强调"荣枯双树说"，所以，似乎没有语录之类的文献传世，以至我们无法知晓其生卒年及具体的行状，只有民国时期嘉兴人朱士楷辑纂的《新塍镇志》转录了一段乾隆年间李元绣、沈莘士在《新溪诗钞》中对他的简单介绍，如下：

> 印诰，字丽雅，号蘧庄，太平府人。主能仁寺方丈，工诗。沈莘士称其诗多涉禅语，其自然流出，一气浑成，使白家老妪听之，亦能解者。[①]

文中"太平府"当是"太平县"之误。清人陶煊、张璨所辑《国朝诗的》收有释真诰（丽雅，仙源人）的两首黄山杂咏，可知印诰又名"真诰"，他是太平县仙源镇（即今黄山市黄山区）人。看来，印诰能成为中洲海岳的法嗣，不仅

[①] 朱士楷：《新塍镇志》卷十四，平湖绮春阁，1923年，第10页。

是得了"近水楼台"之便，而且，他的诗文之气也与乃师相契合。其《黄山杂咏》诗之一曰：

> 桃源未有蹊，觅路听莺啼。
>
> 响雪空亭北，澄潭曲水西。
>
> 虹飞双涧合，云起众峰齐。
>
> 不遣花流出，渔人只自迷。[1]

禅家的隐逸情趣溢于句间。我们虽然无从知晓印诰何时出家投于中洲海岳门下，但可知他曾跟随师傅住锡钱塘东明寺和德清吉祥寺。德清在唐代曾出过一位著名诗人孟郊（751—814），为韩愈所赏识。元和元年（806），韩愈写了一首《荐士》五言长诗，向当时的国子祭酒郑余庆推荐孟郊，其诗首句便是"周诗三百篇，丽雅理训诂"[2]。无疑，丽雅印诰的名与字均出自这首韩愈的《荐士》，无论是乃师为其取的名字，又抑或是印诰剃度后自己取的法名与字，都说明这对师徒对古诗文的博学和志趣。而恰恰是他俩的诗学造诣以及佛家的慈悲善举，使印诰获得了卓锡与东明寺有关的十座道场的福报，并在圆寂后归葬东明塔院，至今仍遗留"重

---

① （清）陶煊、张璨：《国朝诗的》，《四库禁毁书丛刊》集部第 158 册，北京出版社，2000 年，第 71 页。

② （清）沈德潜：《唐诗别裁集》，吉林出版集团股份有限公司，2017 年，第 102 页。

整东明堂上第三十五世十座道场丽雅诰禅师之塔"。

出生京口（今镇江）的中洲海岳曾数度卓锡南京清凉寺。清初潦倒诗人李骧（1634—1710）曾在庚辰（1700）四月写过一首《送中洲禅师归黄山》诗[①]，可见中洲海岳此前曾住清凉寺；自1703年主席东明寺几年后，中洲海岳大约于1715年前后又去了清凉寺出任住持，在那里与后来备受乾隆皇帝恩宠的清代名臣方观承（1696—1768）结了缘。康熙五十年（1711），方观承的祖父被"戴名世《南山集》大逆案"牵连，全家被流放至黑龙江，方观承兄弟虽因年幼被免，但也失去了生活的依靠，只好寄食清凉寺，并时不时北上探亲。待到方观承20岁返回南京时，无家可归，只好又寄居在清凉寺，受到了中洲海岳的厚待。"公弱冠归金陵，家无一椽，借居清凉山僧寺。有中洲僧，知为非常人，厚待之。"[②]为祖、父案南北奔走无助的方观承感激在心，向中洲海岳赠诗曰："须知世上逃名易，只有城中乞食难。"[③]直至雍正四年（1726），时已而立之年的方观承尚未能立，吃了上顿没下顿，常与其三妹画画题诗消遣时光。有一次，方观承三

---

① （清）李骧：《虹峰文集》，《四库禁毁书丛刊》集部 第131册，北京出版社，2000年，第267—268页。

② （清）袁枚：《太子太保直隶总督方敏恪公神道碑》，（清）方登峄《述本堂诗集·宁古塔纪略》，黑龙江大学出版社，2014年，第552页。

③ （清）袁枚：《随园诗话》，陕西旅游出版社，2003年，第22页。

妹画了一幅牡丹并题诗曰："菊瘦兰贫植谢家，愧无春色绘年华。剩来井底胭脂水，学画人间富贵花。"见此，哥哥方观承只好安慰妹妹，和诗曰："别有秋风冷淡花，须将绘事洗铅华。略如提瓮椎鬙意，才称钟山处士家。"[1] 此前两年，江宁清凉寺因火灾而毁。[2] 其时住清凉寺老鳌山房的中洲海岳便担起了重建清凉寺的重任，方观承因此写下《赠中洲禅师二首》，其中一首曰：

> 清凉古寺最高层，瓶钵何来问废兴。
>
> 剩使长江供浴佛，犹延劫火到烧灯。
>
> 林灰梵叶重生蒂，山挂诗瓢便卓藤。
>
> 恰喜手扶龙象了，献花岩畔许同登。（师游金陵，息清凉寺，适寺火，遂肩重修之任。）[3]

　　中洲海岳认为方观承乃"非常人"，确实没看走眼。五年后，方观承为平郡王福彭赏识，录为谋士，后又被荐为内

---

① （清）方观承：《宜田汇稿》，《四库全书存目丛书补编》第 30 册，济南：齐鲁书社，2001 年，第 455 页。

② 查慎行在其《敬业堂诗集续集》中，有甲辰年（1724）元宵节游历清凉寺的诗作，并注曰："佛殿新被火。"就在那时，查慎行写了以"师在吾乡住十年"开句的《赠清凉中洲禅师》。（见王云五主编：《敬业唐诗集附续集》（《万有文库》第二集七百种），商务印书馆，1937 年，第 54 页）

③ 《宜田汇稿》，第 456 页。

阁中书，历迁吏部郎中、浙江巡抚等职，累官至直隶总督并在任长达二十载，死后谥号恪敏，人称恪敏公[①]。方观承为报清凉寺寺僧尤其是中洲海岳禅师在万难中的救助，不仅在直隶捐建了不少寺院，而且为清凉寺以及中洲海岳主席过的其他寺院的重建和运行提供了便利。诗人袁枚以"天下无如吃饭难"为题将这段佳话写入了《随园诗话》中，曰："（方观承）后官制府，为中洲弟子丽雅重建清凉寺，殿宇焕然。余过而有感，亦题诗云：'细读纱笼数首诗，尚书回首忆前期。英雄第一心开事，挥手千金报德时。'"[②]中洲海岳毕竟年近耄耋，没能完成清凉寺的重建便回黄山静养去了，而接过师父重任的丽雅印诰不仅圆满完成了任务，在金陵期间，与师傅一样，诗文酬唱于达官文人和布衣诗人之间。朱卉（1678—1757，字草衣）就是印诰在金陵的一位老友，卒前自建生圹于清凉山下，曾被吴敬梓作为"牛布衣"的原型写入《儒林外史》。当印诰晚年再至金陵时，曾就清凉寺扫叶楼为题与之唱和，题曰《扫叶庵次朱草衣先生韵》，全诗如下：

又携飘笠至金陵，重住东林感废兴。

尘外忽逢青眼客，花间来访白头僧。

---

① 袁枚所撰方观承的神道碑等文章，将方观承谥号"恪敏"误记成了"敏恕"。

② 《随园诗话》，第22页。

欲寻幽径随双屐，同上高楼更一层。

满眼湖山总陈迹，沉吟直到月初升。①

丽雅印诰除了追随中洲海岳的足迹以外，其最引人注目的行迹还是在其太师祖费隐通容、师祖孤云行鉴等人旅足过的石门（今桐乡）福严寺和嘉兴能仁寺，他的僧人度牒就归籍于福严寺，而其传临济法脉于后人的功绩主要是在能仁寺完成的。乾隆三十七年（1772）沈莘士所撰《重修能仁寺功德林碑记》和道光九年（1829）王承勋所撰《重修能仁□寺碑记》都记录了丽雅出任能仁寺住持的事迹，两碑现均存嘉兴秀洲区新塍镇能仁寺银杏园内。前者云："能仁方丈创自丽雅，其德行文艺，为一时禅林之冠。主名山数十载，而终老于能仁。"②后者则言："乾隆元年，里人以方丈久虚主席，迁福严寺丽雅为住持僧。于是开法沙门，香供接众，而丛林之气象俨然。"③乾隆元年是1736年，也就是说，1725年，丽雅在东明寺接待完师傅中洲海岳的诗友朱樟后，没多久便去了太师祖费隐通容终老的道场福严寺，并在那里入了籍，及至出任嘉兴能仁寺方丈。在能仁寺，丽雅一改在东明寺的"孤僧"形象，开法沙门，广纳法子，以中洲海岳为开法祖，

---

① 《佛教诗词楹联选·嘉兴市卷（下）》，第476页。

② 嘉兴市文化广电新闻出版局：《嘉兴历代碑刻集》，群言出版社，2007年，第580—581页。

③ 《嘉兴历代碑刻集》，第582页。

自立了一首二十字临济宗行辈演派法偈，曰："海印传真谛，天文启妙心。西乾东震主，原本肇威音。"[1] 王承勋的《重修能仁□寺碑记》有个"附记"，不仅记录了这个演派法偈，而且以"传临济正宗第三十五世开法沙门中兴能仁第一代丽雅"为首，清列了及至第六代"文"字辈的能仁寺主席以及尚未主席但有功于能仁寺的僧人名录。由于中洲海岳、丽雅印诰师徒本身的德艺名声，加之方观承这样的大护法的庇护，丽雅的嗣法弟子们不仅同样能诗文，工书画，而且纷纷出掌太湖流域各大名寺。《新溪诗钞》收录了丽雅其中两位弟子的诗作，并有简单的介绍，为《新塍镇志》所转录，如下：

传法，字济洪，吴江人。脱白于能仁寺，学诗于卧云，受法于藕庄，主金陵之摄山栖霞寺十载。诗益工，有《环清》《摄山》二诗集，弟子镜涵选刻行世。

传严，字毅安，号确庵，震泽人，为能仁寺主持藕庄之法嗣，尝主金陵清凉寺。性静默，不妄言笑，萧然一室，瓶拂之外，多储古书法帖，著有《石城集》。[2]

丽雅的嗣法弟子中最有成就者，应该是曾任东明寺住持的传一（1701—1779），他既是一位禅师，兼修净土，又为

---

[1] 《嘉兴历代碑刻集》，第583页。
[2] 朱士楷：《新塍镇志》卷十四，平湖绮春阁，1923年，第10页。

律宗门人，被载入《净土圣贤录》《净业染香集》以及《新续高僧传四集》等佛教文献中。他在盐官白马庙的法脉后裔、著名的金石僧六舟达受（1791—1858）曾将其列为白马神庙第十世祖，编入《白马神庙小志》①中，文如下：

> 十世祖远人，名传一，字千一，又号柔也，本州人。俗姓沈氏，得法于蘧庄诰道人，为新塍能仁寺宗下弟子。又得法于朗清和道人，为维扬古石塔寺律下弟子也。传律法卷为朗祖亲自手笔，至今宝藏。祖曾主安溪东明山寺，有进院法语与法卷，并附录墨迹诸门。又工画梅花，传世绝少，旧藏一二小品也。祖生于康熙四十年辛巳，示寂于乾隆四十四年己亥七月晦日，世寿七十有九。临终时持佛号百八声，奄然而逝，留三日入龛，面色如生。详见《净业染香集》，又见

---

① 盐官"白马神庙"，又名"白马王土地庙"，也称"白马禅院"，据《咸淳临安志》载，金兵犯境至此，见田野白马甚众，不敢入，民赖以安，因而建庙祀之。《白马神庙小志》附有海昌文人张广第写于光绪十八年之跋，对编修者达受有简单的介绍，曰："释达受，石井村姚氏子，字六舟，又字秋檝。幼茹素，慕大雄氏教，祝发于白马禅院，礼松溪为师，精鉴赏，喜金石，诗书画篆刻，均极精妙，仪征阮相国元目之曰九能僧。其著述甚富，如《六书广通》《两浙金石志》《金石书画编年录》《南屏行箧录》《云林寺志》《白马庙志》等不下数十种。未付梓，适遇洪杨之乱，毁者殆半，良堪叹息。"（见六舟：《六舟集》，浙江古籍出版社，2015年，第254、230页）

《正源略要》，亦列其名。其肉身塔在庙后左侧。[1]

我们已无法详考丽雅印谙一生的具体行迹，但从他本人以及传法、传严、传一等嗣法弟子的足迹中，大致可以推导出东明塔院现存其塔柱上所刻"重整十座道场"的禅院名称，它们分别是：钱塘东明寺、海宁盐官安国寺、海宁护国禅院（是否主席待考）、安徽黄山慈光寺、南京清凉寺、德清吉祥寺（是否为该寺主席待考）、海盐金粟寺（是否为该寺主席待考）、石门福严寺、嘉兴能仁寺、南京栖霞寺（是否为该寺主席待考）。作为临济宗第三十六世传人的传一既然主东明寺时受了丽雅印谙的"法语法卷"，想必丽雅印谙的灵塔归建东明山当有其一份辛劳。不过，由于传一除了禅宗以外，又兼修了律宗和净土，所以，他的"传"字辈法名很少见诸文献，反而以字名世，分别以"海宁护国禅院沙门释千一""净土圣贤千一"等名称出现在佛教史料中。这些史料除了其示寂的时间和地点与六舟达受所记的有出入外，主要行迹大同小异，都是褒扬他在西湖昭庆寺严守戒律，精勤念佛，以致预知时日，从容往生了极乐世界。彭希涑的《净土圣贤录》引杭州昭庆寺僧悟灵（？—1828）《净业染香集》曰："千一，字远人，姓王，海宁人。住西湖昭庆寺。谨持戒律，精勤念佛，志乐寂静，颜其居曰'庐山僻处'。潜修其中，乾隆四十三

---

[1]（清）六舟：《六舟集》，第235页。

年（1778）秋，法侣过访。一谓曰：'公来恰好，正我西归，可作证明也。'说偈坐化，塔于院左。"[①]喻谦昧庵的《新编高僧传四集》除了"（千一）素怀清洁，雅慕禅修，因投邑中护国禅院落发，受具于西湖昭庆寺"一句外，其他文字几乎与《净业染香集》之千一传相同。笔者以为，六舟达受在为传一写传时，既言"详见《净业染香集》"，但关于传一圆寂的时间地点及安葬处又有别于《净业染香集》，显然是对《净业染香集》的纠错，而且还另附了传一之胞弟沈居士的行状，云："祖胞弟沈居士，无子，有祖遗桑一亩三分，入常住以作靠老帮餐之资，终老于庙，骨冢即瘗舍地之旁"[②]。由此判断，还是六舟达受所记的可信度较大。

不管传一最终圆寂于昭庆寺也好，往生于白马禅院也罢，其临终的过程是非常耐人寻味的，那就是能预知时日，从容念佛号而逝。佛教史上，如此高僧大德不在少数，东明寺开法祖师慧旵就是其中一位。如前所述，在1440年农历六月二十八日，慧旵付嘱海舟永慈，曰："字付慈海舟，访我我无酬。明年之明日，西风笑点头。"到了第二年六月二十七日，慧旵果然召集山寺僧众话别，于六月二十九日辰时，正式辞众，跏趺坐化。传一与其祖师慧旵一样，都是在西湖昭庆律寺受的具足戒，说到律宗，被誉为明代律宗中兴祖师的见月

---

① （清）彭希涑：《净土圣贤录》，《续藏经》第135册，第393页。
② 《六舟集》，第236页。

律师（1601—1679）之坐化则更是典型。文海福聚（1686—1765）所辑《南山宗统》记曰："（见月律师）戊午岁除示微疾，己未正月既望力疾，集众以衣钵付定庵基主持法席，嘱累后事毕云：'七日然后行。'至二十二日午时，诫众以精勤行道，语毕端坐而逝。"[1] 对于这种能预知时日往生的现象，近代高僧弘一法师看得明白，他不仅在编写《宝华山见月律师年谱撮要》时，以文字暗示了其中的奥秘，曰："正月既望，力疾起视。诫弟子曰：勿进汤药，更七日行矣。至期端趺而化，即正月二十日也。"[2] 而且，在其《人生之最后》的演讲稿中直言："当病重时，应将一切家事及自己身体悉皆放下。专意念佛，一心希冀往生西方。能如是者，如寿已尽，决定往生。……病既重时，可以不服药也。"[3] 他不但如此向他人宣讲如何主动绝食拒药以往生，而且还身体力行做了具体演绎：1942 年 10 月 3 日食量减少；5 日食量减去大半；6 日起整天断食，只饮开水，拒绝医药；13 日有人请吃药及牛奶，不进，晚八时整吉祥西逝；其间只念佛和为学生写字，最后以"悲欣交集"四字绝笔。[4] 有意思的是，在

---

① 传印主编：《南山宗统》，宗教文化出版社，2011 年，第 35 页。
② 弘一：《宝华山见月律师年谱撮要》，月见老人《一梦漫言》，团结出版社，2017 年，第 236 页。比对《南山宗统》，可知年谱中见月律师坐化时间"正月二十日"乃是"正月二十二日"之误。
③ 弘一：《弘一大师文集选要》，东方出版社，2016 年，第 2 页。
④ 田涛：《李叔同》，河北教育出版社，2003 年，第 254—256 页。

10 月 10 日，弘一法师给好友夏丏尊写了一封遗书，曰："丏尊居士文席：朽人已于九月初四日迁化，曾赋二偈，附录于后。'君子之交，其淡如水。执象而求，咫尺千里。问余何适，廓尔忘言。华枝春满，天心月圆。'谨达不宣。音启。"夏丏尊在 10 月 31 日接到这封遗书时，着实吃惊不小，"为之大惊大怪"。惊的是弘一法师曾于 10 月 1 日写信告诉夏丏尊，双十节后要闭关著作，不能通信，好好的怎么突然就"迁化"了，怪的是"迁化"的消息怎么由迁化者自己报道，且时间精准。后来夏丏尊搞明白了，"九月初四日"之"九"和"初四"是由弘一法师的侍僧在弘一圆寂后填写上去的。[①] 七天不吃不喝，正常人也是要呜呼哀哉的，更何况是一个患病老人。所谓高僧大德能预知自己西归时日，是怎么回事？由此可见一斑。

如此说来，袁枚引用苏州薛皆三进士诗句对方观承酬报中洲海岳、丽雅印诰师徒所作的总结"人生只有修行好，天下无如吃饭难"[②]，也对也不对。说对，是因为僧侣除了少量时间出坡劳动以外，大多时间精力都用于修佛，经济上主要依靠信众们供养，"比丘"的意译谓"乞士"就很说明问题。如果能像中洲海岳那样慈悲，助人于危难之中，则定能获得

[①] 夏丏尊：《弘一大师的遗书》，天津市政协文史资料研究委员会、天津市宗教志编纂委员会编《李叔同——弘一法师》，天津古籍出版社，1988 年，第 172—174 页。
[②] 《随园诗话》，第 22 页。

福报。说不对，是因为出家做和尚，貌似能吃现成饭，实则除了需要精进念佛以外，还要懂得经营寺院，学佛普渡众生，在死亡来临之际，更需要有"视死如归"的勇气。诚如弘一法师在《人生之最后》中所言："如寿未尽，虽求往生而病反能速愈，因心至专诚，故能灭除宿世恶业也。倘不如是放下一切专意念佛者，如寿已尽，决定不能往生，因自己专求病愈不求往生，无由往生故。如寿未尽，因其一心希望病愈，妄生忧怖，不惟不能速愈，反更增加病苦耳。"[1] 要明白这个道理，谈何容易？有歇后语云：小和尚念经——有口无心，意指不集中注意力和不认真做事。其实，对于佛家而言，念佛念经，要是真能做到"无心"，那才是一种至高无上的境界。净土宗专修念佛，期望往生后进入阿弥陀佛极乐净土，讲究"无念而念，念而无念"；禅宗则主张不立文字，通过静虑禅修，达到顿悟，认为"若欲求佛，即心是佛。若欲会道，无心是道"。所谓"无念"，就是无妄念，然后达成清净；所谓"无心"，就是离却妄念，留下空灵的真心，所以，唐代诗僧修雅有诗曰："我亦当年学空寂，一得无心便休息。"

作为东明堂上临济宗第三十六世的传一禅师，修了净上，又嗣法律宗，"无念而念，念而无念"，成了千一法师、千一律师，离开东明山，去了掺杂着神灵崇拜的盐官白马神庙，最后念佛号而往生极乐世界。他这一去不打紧，却留下

---

[1] 《弘一大师文集选要》，第 2 页。

了一个徒有虚名的临济中兴祖庭东明寺。当远在北京的管理着僧录司事务的临济正宗第三十七世了信禅师召集北京 32座禅寺同宗长老，溯流寻源，确定以钱塘东明寺海舟永慈为祖，重启其所定的一百十二字演派法偈，以"归复临济正宗正派"时，东明山这座祖庭却已归于空寂，形成了一个鲜明的对照。现今，我们除了在东明塔院残存的灵塔构件中找到有"东明堂上传临济正宗第三十七世广昊湛禅师之塔"字样的塔柱（立于"乾隆己丑嘉平季冬"，即公元 1770 年 1 月），以及镌刻有"大清光绪贰年岁在丙子应钟之律吉旦、重建东明堂上传临济正宗第三十九世、如明老和尚之宝座广渡分支名能聪字"等三行字的塔碑以外，对于丽雅印诰、远人传一师徒之后的法脉传承已难以一一考释了。即便是时常为文人墨客称道的所谓建文帝手植东明寺牡丹，也在那个时期变成了朽木。这真是：世人以为逃名易，修行传灯尤需缘。

第十二章　牡丹重放待有期

同治年间，著名诗人黄道让（1814—1868）曾带着考据的口吻赋诗《东明寺相传为建文逊国处》：

> 金川血涌去朝端，出隧方知天地宽。
> 万里河山孤钵在，八方风雨九龙寒。
> 已无大力当飞燕，尚有闲情种牡丹。
> 座上头陀真面目，当面曾费老监看。

他还特意对"尚有"句自注云："寺中牡丹系帝手植。"[1]
而编纂于 1946 年至 1948 年的《杭县志稿》"东明寺"条，也很热心地抄录了康熙年间钱塘人陆次云所撰《湖壖杂记》的内容，言建文帝初至此地，旭日始旦，因名"东明"，内有帝手植牡丹，色白如银云云，此外别无其他文字言及寺院的历史与现状。而事实上，在《杭县志稿》编写前，东明寺早已焚毁于侵华日军之手，仅余偏房三间，以及方丈殿前枯焦的金银桂花一棵，并无牡丹之影。[2] 那么，所谓的建文帝

---

[1] 黄宏荃：《湘西两黄诗——黄道让黄右昌诗合集》，第 168 页。
[2] 《余杭文史资料》第 5 辑《余杭风物》，第 181 页。

手植牡丹何时消失的呢？实际上消失在诗人黄道让写诗并出注"寺中牡丹系帝手植"之前。

《金刚经》云："如来者，无所从来，亦无所去，故名如来。"所以，丽雅印诰禅师笃信荣枯双树说，在东明禅院借以扫除了诗人朱樟心头的阴霾，使其甚觉相见恨晚，赋诗曰："花宫选妙色，人赴牡丹期。直为吟诗晚，但言相见迟。"他们也许未曾料想，没过多久，一直为人们所称道的那株所谓建文帝手植牡丹也是如来如去，变成了枯木，为"玉楼春"所替代。1806 年春，钱塘藏书家兼诗人汪璐（1746—1813）携侄子登东明山欲观牡丹，结果却发现牡丹"已枯朽三十余年矣"。其《松声池馆诗存》卷四第四首诗题为《三月七日偕鼎衡（寅）侄登道古山观东明寺牡丹（自安溪镇入山约七八里）》，全诗云："不辞登陟访花王，道古山头辟讲堂。一路涧溪流曲折，到门杉竹挺青苍。休因往事寻遗植，且看浓姿赛众芳。（寺有前明建文帝手植大红牡丹，已枯朽三十余年矣。今补植玉楼春，亦逾常品。）斜日漫催游客去，正贪襟袖染天香。"[①]

我们尚且不论此前的牡丹究竟是不是建文帝手植，但根据笔者前引清初藏书家孙琮所写《大遮山东明寺观牡丹花》，

---

① （清）汪璐：《松声池馆诗存》，《清代诗文集汇编》414，上海古籍出版社，2010 年，第 429 页。诗中"道古山"显然为"古道山"之误。

东明寺的牡丹乃"野客"进献，花色是红的，故云"红芳犹满院"①。然而，到了嘉庆年间，原本大红的牡丹早已枯朽，变成了新植的"玉楼春"，那就更不可能是建文帝手植了。依 30 余年时间往前推算，原来的牡丹枯朽期大约是在 1770 年前后，也就是传一远人晚年迁住盐官白马神庙的那个时段。

那么，"玉楼春"又是什么花呢？汪璐观牡丹诗末句曰"正贪襟袖染天香"，"天香"显然指称的还是牡丹。与汪璐生活在差不多同一时期的清代植物学家吴其浚（1789—1847）著有《植物名实图考长编》，在卷十一"牡丹"条目下附有宋代宁波人周师厚的《鄞江周氏洛阳牡丹记》，内中释曰："玉楼，千叶白花也。类玉蒸饼而高，有楼子之状。元丰中生于河清县左氏家，献于潞公，因名之曰玉楼春。"②由此，笔者怀疑，其实早在陆次云写《湖壖杂记》时，东明寺庭前牡丹早已非清初原本的红牡丹，因为《湖壖杂记》云："寺有牡丹一本，乃帝手植。花皆千蕚，色白如银。"然而，东明寺牡丹出名，大约就始于这本《湖壖杂记》。湛潜所编《东明寺志》收录有 7 首以"古牡丹"为题的诗歌，但它们似乎并没与建文帝遁隐东明寺直接相关联。《湖壖杂记》关于东明寺牡丹的介绍等于为其做了个大大的广告，其后，但凡有

---

① （清）阮元、杨秉初辑：《两浙輶轩录》第 2 册，第 378—379 页。
② （清）吴其浚：《植物名实图考长编》，商务印书馆，1959 年，第 649 页。

诗人写东明牡丹，必与建文皇帝相关联。民国时期，待机前往余杭东明寺以一睹牡丹之荣的依然大有人在。作家陈医隐在 1916 年 10 月 10 日发行的《小说丛报》第 3 卷第 3 期 "醢鸡瓮语" 专栏中写了《东明寺牡丹》一文，就强烈地表达了此种愿望。文章不长，全文迻录如下：

> 建文帝于正统五年迎入西内，宫人称之曰 "老佛"。青嶂白云，芒鞋踏遍野花，茅屋布衲随缘，较诸欲为长安布衣而不可得者，何如？较诸举兵犯阙甘为不义之成祖，繁华过眼，墓草离离者又何如？相传东明寺有牡丹一本，为建文手植，重英叠萼，苞似银盘，挹露含烟，香分玉碗，惟分种他处即不能荣。天岂特留此一物于湖山胜境为 "老佛" 点染耶？尝恨牡丹虽艳丽，而多俗骨，若此花贵富中含高洁气，颇与帝之身份相称。他年访古西泠，当拜倒于玉楼春下。[1]

文末，作者点出了 "玉楼春" 这个牡丹品种的名字，不知道是作者事前读过汪璐的观东明寺牡丹诗，还是从以前文人对牡丹的描述中自己推导出这个 "玉楼春" 的牡丹花种。不管怎样，如果作者在日寇入侵杭城前还未去 "拜倒于玉楼春下" 的话，那么，他的这个愿望就再也实现不了了。余杭

---

[1] 陈医隐：《东明寺牡丹》，《小说丛报》，1916 年第 3 卷第 3 期，第 17 页。

地方文人胡正陶先生曾于 1982 年 7 月采访过当时已还俗为林场职工的原东明寺僧人周连庆[①]。周连庆介绍说："相传，建文帝在东明寺内，倒插了一棵牡丹，寺后又种了一株丹桂。牡丹，花中之王，倒插本倒置，建文帝借此来抒发自己逊国逊难的心情，并说：'如果我还有回朝之日，牡丹盛开，丹桂飘香。'没想到，30 年后，当明宣宗朱瞻基继位时，这棵牡丹盛开，丹桂飘香，建文帝也在异地被召回京都，安度晚年。……可惜在日寇沦陷时，东明寺被纵火烧毁，这副对联和倒插牡丹也付之一炬，但寺后的那一株丹桂，直到今天每逢中秋佳节，还芳香四溢，供人观赏。"[②]从此后，向往一睹牡丹芳容的文人游客，到东明山，便只能面对牡丹旧地的断垣残瓦而已了。

笔者与东明寺结缘，数度登东明山，虽坚持认为，建文当年既然是逃命隐迹，就不可能特意在东明寺留下自己的画像，还特意手植牡丹言事；但作为一种地方民间传说，也应予以尊重，毕竟它蕴含了当地百姓的善良之心和他们的传统伦理道德观，更何况曾有那么多诗人在东明山赋诗赞颂牡丹。

---

① 周连庆（1908—1987），法名香林，浙江新昌人。是中华人民共和国成立前后东明寺最后一任住持，后来随东明山南山林场的建立还俗成为林场职工，恢复俗名周连庆，并结婚生子。现东明塔院西侧塔罗内突兀地立着一座俗家坟墓，上写"1987年 11 月立，先考周连庆之墓，子某某"。

② 《余杭文史资料》第 5 辑《余杭风物》，第 186 页。

　　无论如何，东明寺内曾有牡丹之华当不会只是传说。于是，对于东明牡丹之消失，也甚感遗憾。

　　不料想，事情竟然出现了转机。2012年5月6日，余杭新闻网登载了一则新闻——《古牡丹娇艳盛开，主人家心花怒放》。报道称：东明山脚下，原林业工人李志浩在40多年前牡丹盛开时，向东明寺主人要了两株移植回家，如今已经发棵到了26簇，每簇二三十株。这几天，这批古牡丹正娇艳盛开。李老伯还表示，愿意在东明寺复建工程完成后，移栽一批牡丹回东明寺，让古牡丹在东明寺重放光彩。不过，正当笔者为东明寺即将重现牡丹之华而感到高兴时，又发现有网民发帖指出：从图片看，那不是牡丹，而是芍药。再仔细一看报道中的照片，其所谓的"古牡丹"确实是草本的芍药，而并非木本的牡丹。难道当年孤云禅师等东明僧众都错把芍药当成了牡丹？难道百科全书式地编著了《湖埌杂记》的陆次云也是个"植物盲"，牡丹芍药不分？又抑或当年与东明牡丹相伴的植物中还有芍药存在，牡丹毁于兵燹，而芍药幸存，李老伯错把芍药当牡丹从东明寺请到了自家的院子里？如此疑问种种，东明寺又多出一则疑案。

　　牡丹和芍药长得几分相似，人们也往往将它们相伴种植，古时不分草本木本，统称芍药，唐代以后才将木本芍药称为牡丹加以区别，有"牡丹为王，芍药为相"之说。那么，当年让众人纷纷以"古牡丹"为题，抒写诸多诗篇的东明寺古花木，究竟是牡丹，还是芍药呢？

其实，牡丹和芍药，两者虽然形似，但花期不同。江南的牡丹，花开于四月中下旬，最晚不过五一左右；而芍药则盛放于五月并持续到夏天，唐宋文人因此称之为"婪尾春"，美誉芍药为春末最后的一杯美酒。再则是两种植物能够生长的高度不同，牡丹因是木本，可高至两米，而芍药则草本，只能长到一米左右。于是，笔者开始查证当年诸多东明牡丹诗篇的写诗时间及其描述的高度，发现钱塘诗人朱樟因当时的方丈丽雅印诰之请写的牡丹诗，时间是乙巳年（1725）农历三月。朱樟虽未记录写诗当天的具体日期，但我们可以从诗人当日乘船赴东明山途中所写《棕毛场》之"两岸人家三月市"以及《舟中雨望》之"是时方浴茧，村酒不可酤"两诗句推知，那时已是春末夏初。唐代诗人王建《雨过山村》有诗句曰"妇姑相唤浴蚕去，闲看中庭栀子花"，说明江南"浴茧"的时节，正是栀子花开放的春夏交替时节。如此说来，这个时候朱樟在东明寺能见到的要么是已经凋零的牡丹，要么就是盛放的芍药。诗人在牡丹诗前先写了个诗引，曰："殿前牡丹一本，相传明建文帝手植，高二丈许。怒芽丛生，花床千计，为兹山胜迹。丽上人索诗因题长句。"这个诗引首先告诉我们，此棵牡丹有两丈高，也就是说有六米多高。诗人往往以夸张的手法写诗，无论芍药还是牡丹，实际高度不太可能会达到六米，但这棵古花木长得"高大"，应该不会有错；其次，这棵古树当时正在长叶，枝头上却不见花朵，只有开花后留下的"花床千计"。花儿去了哪里呢？诗人在诗篇第一句交代了花儿的去处："满幕尖风绣成堆，托根传自让王栽。"在冷风吹拂下，花儿谢落归根聚合成了成片的花堆。这就表明，诗人此时所见，无论从古树木的高度，还是开花的状况，必定是牡丹，而非芍药。中洲海岳等僧众没搞错，陆次云等文人访客也没弄错。剩下的一种可能，就是当年在东明寺内除了牡丹，还有芍药，其中的芍药一直留存到 20 世纪 70 年代，被林业工人李志浩当作牡丹移植回了山下自家的院内。于是，笔者猛然想起中洲海岳和陆次云两人都参与点评过的清人张潮的著作《幽梦影》。

《幽梦影》，被现代文学评论家归入"明清清言小品"文类之中。其每一篇文章似散文，但三两句成章，都很短，犹如格言，是作者的随感杂记。其更独特之处，是每篇小品之后，大多录有两三位同时代文人的简评，仿佛是今天的微博，大可以称其为"微博之鼻祖"。《幽梦影》的粉丝兼评论人中就有中洲海岳（菌人）和陆次云（陆云士）。陆次云不仅对内中的许多小品文作了评论，而且对《幽梦影》本身也写评语说："《幽梦影》一书，所收者皆未发之论，所言者皆难言之情。"《幽梦影》第156篇小品"禽兽草木知人伦"论及了牡丹与芍药的关系，曰：

　　古谓禽兽亦知人伦，予谓非独禽兽也，即草木亦复有之。

　　牡丹为王，芍药为相，其君臣也；南山之乔，北山之梓，其父子也；荆之闻分而枯，闻不分而活，其兄弟也；莲之并蒂，其夫妇也；兰之同心，其朋友也。[1]

　　在作者张潮看来，草木也同样讲究纲常伦理，有君臣、父子、兄弟、夫妇、朋友之五伦。牡丹与芍药的关系，就是一个为王，一个为相，构成君臣之伦。余杭当地关于建文帝隐迹东明寺的传说，既然将牡丹说成是建文手植以自比花王，那么其叔父燕王朱棣则应该就是芍药，乃花相，两者是君臣人伦关系。然而，朱棣篡位为帝，乱了纲常，就好比芍药占了花王牡丹之位。陈医隐在20世纪初的《小说丛报》上发出疑问，说东明寺牡丹难道不是老天爷特意为建文帝在人间的湖山胜迹留下了一个"点染"之物吗？那么，在今日东明寺复建过程中，东明芍药误被当做古牡丹移栽回旧地，岂不更是老天暗示建文与朱棣之间的君臣纲常之乱？妙哉，天造地设！

　　陈医隐登东明山拟"拜倒在玉楼春下"，只是一个未了的心愿，然而，民国时期亲履东明山的文人却大有人在。

---

[1]（清）张潮：《幽梦影》，崇文书局，2017年，第119页。

1921 年春，安溪乡学人祝松伯（？—1947）[1]随同其老师陈浩广、同学徐次庵、僧空五、明光以及其堂侄月元等共六人游东明山，六年后撰《东明山游记》发表于上海的《学生文艺丛刊》。六人中，其中僧空五与东明寺时任方丈关系不错，所以由他引路并因而得到方丈在寺中"三水亭"设素宴款待。文中写道，众人在"危崖仄径，始崎岖不可步"的半山腰歇息时，僧空五向他们介绍并鼓劲说："此寺成于嘉靖间，殿宇广敞，金碧辉煌，即其内以吟以弈，乐趣且无极。"[2]及至寺中，发现"三水亭"建于清乾隆二年（1737），其墁壁上有翁常熟（即翁同龢）所题"三水之亭"四字。由此可见，僧空五虽不谙东明寺史，但势必看到过，或者听闻过山门下"东明静室"旧梁上书有"嘉靖七年东明寺比丘明贵建立"的字样。据湛潜《东明寺志》记载，东明寺大雄宝殿为成化己丑岁（1469）寺僧等化重建，天王殿为成化乙未岁（1475）僧永德重建，而山门下据传为慧晶最初的弘法道场，也是建文帝隐修之地，寺僧明贵于嘉靖七年（1579）建"东明静室"，崇祯十年（1637），绅民捐资，"仍供君像，以表臣子草莽

---

① 据东明山森林公园有限公司董事长张炳林先生田野调查所得，祝松伯原名祝松元，是安溪镇上有名的中医，自己开有"同森堂"药店，坐堂门诊。抗战时，曾出任杭县后援委员会主任，负责向民间筹措抗日物资，堪称社会贤达。（参见张炳林即"迟到的春风"新浪博文《轶文〈东明山游记〉读后感》）
② 祝松伯：《东明山游记》，上海大东书局《学生文艺丛刊》，1927 年第 4 卷第 1 集，第 27 页。

219

之忠"①。僧空五向众人鼓动，到东明寺后，"以吟以弈，乐趣且无极"，说明民国时期的东明寺方丈依然延续了中洲海岳、丽雅印诰、远人传一等禅师们的风雅，好与文士们吟诗弈棋。从祝松伯一行需要"相与鼓勇，褰衣，攀藤葛而上"的描述看，当时的东明寺亦一如当年朱樟登东明寺拜访"孤僧"丽雅印诰时基本相仿，少有香客，清净幽寂，让人"栩然有世外之想焉"。此篇游记的文末，除了怀念已逝的老师和星散的朋友以外，还点出了陈浩广老师当时的教导："文章之事，学之者众，而成就者鲜，非才识之限人，盖皆由半途而中止也。与登斯峰何以异乎？"以及同学徐次庵的领悟："求学问如游名山，所登者高，斯所见者大。"然而，不知何故，文章自始至终，没有一句提及建文帝与牡丹之事。

无独有偶，十余年后，另外一位散文作家虽然详尽地记录了抗战前他在安溪东明寺等地的所见所闻，但同样也未有关于建文与牡丹的文字，这位作家就是陈醉云（1895—1982）。陈醉云曾在中华书局担任编辑，著有《游子的梦》等小说集和散文集，还曾任教于国立中央大学（今南京大学前身），其散文《乡下人家》现被收入人教版小学四年级语文课本。1933年4月初，陈醉云跟随其叔叔在安溪镇游住了四天，写下了随笔《安溪行记》，于1936年正式发表。《安溪行记》一如《乡下人家》，文笔简约流畅，然而写得亲切

---

① 《东明寺志》，第19、119页。

有味，内中对安溪的寺庙尤其是东明寺及其下院着了不少笔墨，是一份极其难得的直观性文献史料。

陈醉云一干人所到的第一座寺庙便是安溪镇通往下溪湾的必经之地——接待寺。不过，从文中的叙述看，接待寺已经不是东明寺的下院，也不像有些书上所写的那样是尼姑庵，而是一所住着为同母兄弟的两位和尚，寺院虽然地方不大，但尚种些花草，亦楚楚有致。

在下溪湾村后山上也有一座寺院，名曰安和寺，寺宇也不大，但建筑还整齐，布置也相宜，院中有用竹竿引出的山泉，寺中僧人用松火煮了新茶招待客人，颇有情趣。

从下溪湾有山路可以返回安溪大桥，途中山腰上还有一座金仙寺。该寺四面全被碧绿的竹丛围绕着，石径垂荫，异常清幽。从倾斜的径道进得寺里，顿觉开朗。由于寺僧殷勤留饭，陈先生便从闲聊中获知，该寺僧人吃的东西都是自己种植，其他一切用度，也靠养竹收柴来作开销。

一行人第四天来到东明寺，先是作者一个人到寺游览所见：

这寺也被满山的竹林环绕着，房屋颇广大，收拾甚整洁。几个和尚，全都忙忙碌碌的做事，有的腌菜，有的烧饭，有的劈柴，有的打水，看他们很少闲暇。寺旁还有牛栏，养着一匹大黄牛，并有柴房砻场等等，恰如一户山庄人家。原来这一带地方的寺院，大都有些山场田地，由他们自己栽竹栽树，种稻种菜，供给日常消费。虽说是出家人，也和在家人差不多，且是一种共同生产、共同消费的集团生活。

我在寺中走了一转，又到寺外去看，见竹林中飘出一缕青烟，又听得毕毕剥剥的响。要想瞧个究竟，便弯弯绕绕的穿过竹林去看，原来是几个烧炭人，在那里烧炭。我见他们烧炭的原料全是些青竹枝，便问："用竹枝烧出来的炭，不是很细吗？"烧炭人一边忙着把成捆的竹枝叉向窑中，一边回答道："是，这些炭和别的炭两样，是养蚕时烘火用的，细点不要紧。"

寺里的和尚真殷勤，见我这个陌生人，也同招呼熟客一样，再三留我吃饭。我因为一则不便打扰他们，二则吃饱饭不好跑路，所以只吃了一碗，便下山来了。[①]

正当作者半饱着肚子准备下山回住处时，途中遇到了找寻来的叔叔，于是，又一同上山，再次做客东明寺。他继续写道：

我们在路旁的树荫下，找了一块岩石暂且休息，商量的结果，是重上东明寺。到得寺中，和尚仍然很亲厚的表示欢

---

① 陈醉云：《安溪行记》，《交通职工月报》1936年第11—12期，第89页。

迎，这时他们已吃过午饭，便替我们用竹笋炒了三碗粳米年糕。原来这种年糕，还是去年冬季所做，捣捏得十分坚实，把它浸在腊水里，留到现在，还不改味。叔叔本来很爱这种东西，一个人吃了两碗，我也尽了一碗。我悄悄地同叔叔商量，想酬谢他们一些"香金"，但叔叔说："这里的寺院，和杭州等处不同，他们是专靠自己耕种，不向外募化，也不收受游客的香金。他们热忱招待，正是由于真挚的情谊，若是给钱，倒反辜负他们的美意了。"

我们走到院子里，叔叔仰起头来指点着说："你瞧，那座最高的高峰，叫做天遮山，山上也有一所道院。"我仰头从院外望去，果见一座很陡的高峰，遥耸于天空，山上也是密丛丛的寺林，但是不见屋宇。他问我："要不要去？"我说："不必了，上去，怕当天不及下来。"

休息到三分钟，我们动身下山，他们再三留我们过夜，但因我的坚持，终于道谢而行。走到半路上，又遇见了东明寺的当家师父，他肩上挑着一条扁担，担头挂着一只竹篮，篮中盛着些豆腐香干之类，正从市上回来。如果不是他着了一件衲衣和一双僧鞋，那种质朴的样子，简直像个工人。他见了我们，知道刚从寺里下来，仍想邀我们上去，说话的腔调，一听就知是实实在在，不事半点儿做作。我觉得他在本质上，全像一个庄稼人，丝毫没有别的出家人那种"清静无为"的气味。而见了他寺中那些新辟的客舍，更可知道他比旁的安溪人还爱宾客。①

　　叔侄二人下山，沿路修竹幽篁，清泉叮咚，不久便来到山脚。作者继续写道：

　　我们走到将近市镇的北面，见有一个小寺，叫香海庵。叔叔说："这里是东明寺的下院，里边住着一个画师和一个医生，可以进去看看。"

　　我们走进香海庵的东厢，见前为菜圃，后为楼房。楼下坐着一个三十来岁的人，正在看医书。经了叔叔的介绍，知他姓郑。我们又上楼去访问那位画师，那画师姓金，面容清癯，年约五十开外。他正在画大幅的达摩像，长约三丈，桌上不能容，两端都拖在楼板上了。那幅画已大致完成，笔调颇为苍老纯熟，据说是东明寺寺画，预备张挂在大厅上的。

　　后来，我们又遇到一位沈先生和一位姚先生，沈善画山水，姚写得一手好字，安溪人多挂着他们的作品。②

　　在整篇游记中，这位 1935 年还撰写出版了《明太祖》的陈醉云先生却只字未提建文帝之事，其素描式的文笔，呈现给我们的是一个平和简素的农家小院似的东明寺，那里的

―――――――

① 《安溪行记》，第 90 页。
② 同上，第 91 页。

僧人热情好客但不失安详的性情，一如安溪镇上的百姓。所以，作者喜欢上了这个地方，他在结尾说："安溪给我的印象，似乎还不坏，尤其是饮水的清洁，胜过嘉湖平原不啻百倍。本来，我早怀着择地迁居之念，想找一个有山有水的山村，作久住之处，经过了这次的巡视，我就把居于此的主意打定了。"①

话虽如此，但从笔者有限的资料推测，陈醉云后来似乎并未将安溪作为"久住之处"，所以在他的笔下也就没有更多的有关东明寺的信息了。如前所述，倒是有个笔名为"敠厂"的瓶窑镇文人于陈醉云之前，在1931年8月6日的《申报》上发表过一篇题为《明惠帝与杭县大遮山》的短文，介绍了建文卓锡大遮山东明寺，程济束发为道士隐居清真院暗中护驾的传说。我们无从考定文中的"清真院"是否就是现今山顶上遗存的"群仙道观"，两者之间的关系也许就类似于"云林禅寺"与"灵隐寺"的关系。不过，敠厂为我们介绍的大遮山有名的植物中并没有东明寺牡丹，而是"程济桃"，文曰：

今该山又有所谓程济桃者，果不甚大，伏时成熟。熟时，核与肉离，近核处，肉色殷红，味颇鲜美，为该山之特产。相传此桃系当年程济所种，其种递嬗而降，以迄于今，故称

① 《安溪行记》，第91页。

之日"程济桃"云。①

令人生疑的是，作者那么详细地介绍了"程济桃"，却没有半个字提及赫赫有名的东明寺牡丹，从其文末"予曾两度往游，上述之遗迹，为予所目睹云"一句推测，当时也许已经不见了牡丹的踪影，所以，作者以桃代牡丹而言事。至20世纪80年代，当地热心文人姚今霆撰写《建文帝与东明寺》一文指出，在侵华日军于1940年9月1日放火烧毁东明寺之前，东明寺来了一位颇具事业心的住持，法名延龄，在他手里建造起了新的天王殿，山林也保护得很好，此时的东明寺总算有了一番新气象，而当时的方丈殿，"窗明几净，陈设高雅。殿前有金银桂一株，每年桂子飘香时节，可见到树上一边开的黄花，一边开的白花。相传此桂树为建文帝所手植，果其然，这桂树当是600年之久的古桂了"②。这棵桂树就是现今还幸存在方丈殿遗址上的那株金银桂，依靠残皮坚强地活着，不过连作者本人也是怀疑，它是否真有600年的树龄了？也许正是作者这种求实的态度，使他没有沿袭旧说，以桂树为意象，替代牡丹讲述了东明山与建文帝的故事。可见，20世纪上半叶东明寺大约早已没有了古牡丹的踪影。

① 戤厂：《明惠帝与杭县大遮山》，《申报》1931年8月6日第11版。
② 姚今霆：《建文帝与东明寺》，《余杭文史资料》第5辑《余杭风物》，第180页。

究竟事实如何？有待方家来解此则东明山公案。然而，大体可以肯定的是，整个 20 世纪，无论是作为临济宗的中兴祖庭，还是传说中建文皇帝隐迹的神秘寺院，都是寂寞寥落的。正如姚今霆在《建文帝与东明寺》一文中所言："抗战胜利后，曾有人提出想重建东明寺，但因战后的安溪疮痍满目，百废待举，限于财力物力，已无法恢复旧观。新中国成立后，国家在东明寺这个范围建立了一个南山林场，经过 30 余年的惨淡经营，成绩卓著，面貌大变……但东明寺遗址依旧是一片荒芜景象，断墙残壁，荆棘丛生，联想到当年原貌，令人有不胜今昔之叹。"[1]

转机出现在了世纪之交。1999 年，原本在余杭超山中圣殿静修的比丘尼觉修法师移住东明寺。觉修法师在俗时曾经是杭州市第一代公交售票员，"师太身心爽朗，和蔼可亲，且耳聪目明，能拳打脚踢，刚劲有力，拳脚利索的功夫能发出飕飕的声音，我们怎么也看不出那把式、那气势却是位年逾八十的老人"[2]。不过，毕竟年事已高，2006 年 9 月，余杭区佛教协会接受觉修法师主动提出的去职请求，荐请证道法师继住东明寺。释证道，俗姓许，1983 年生，安徽安庆人，由于当地风俗习惯，认为在寺院比较好养，所以从小被寄于

---

[1] 《建文帝与东明寺》，第 181 页。

[2] 俞生荣：《东明山东明寺游记》，老人家 1948 的图书馆：http://www.360doc.com/content/15/1121/13/324027_514771462.shtml

寺院，因而信佛，14 岁便剃度出家，后曾往新昌大佛寺等处修行。2015 年 1 月，由中国佛学院可潜法师兼任东明寺监院。同年，东明寺正式获批《宗教活动场所登记证》。释可潜，俗姓张，浙江象山人，受外祖父等长辈的影响而信佛，高中毕业后在天台石梁剃度， 2001 年毕业于中国佛学院本科，2004 年中国佛学院天台宗硕士研究生毕业，考取该院首届博士研究生；历任中国佛教协会传印长老秘书等职，现任中国佛教协会理事、中国佛教协会教育委员会委员、中国佛学院教务处副主任等职；主攻天台学，发表有《天台大师之止观学说》《摩诃止观之三本说》等论文，通英、日、梵等诸多外文。

由于以上三位法师的精进弘法，加之机缘的成熟，东明寺的复兴获得了其所在的东明山森林有限公司，尤其是董事长张炳林的大力支持，继 2012 年秋包括大雄宝殿（无尘殿）、僧寮（扪云楼）和客堂（寅宾楼）在内的一期工程落成后，2015 年 10 月正式修复东明塔院。与此同时，张炳林还呕心沥血，收集并主编重刊了《东明寺志》《孤云禅师语录》《山茨禅师语录》《中洲海岳文集》等东明山相关珍贵史料，让东明山这座临济宗的中兴祖庭开始落日重辉，让对建文帝之靖难逊国深怀同情心的人们有了再见花王的期待。如果真有东明牡丹重放的那一天，笔者以为，可以直接套用慧昍祖师的悟道偈和山茨禅师牧牛图颂的悟道诗句，缀成一首格律完整的七绝以颂：

> 借问个中谁是主，扶桑涌出一轮红。[1]
> 太平休用歌尧令，枯木重开花一丛。[2]

---

[1] 张炳林：《古道山房诗钞》，上海古籍出版社，2015年，第10页。慧囧禅师悟道时，即写偈曰："一拳打破太虚空，百亿须弥不露踪。借问个中谁是主，扶桑涌出一轮红。"

[2] 《古道山房诗钞》，第108页。山茨通际、箬庵通问、玉林通琇等同门法兄弟曾就普门禅师《牧牛图颂》各和诗十章，山茨禅师的《双眠第十》曰："不见人牛不见踪，清风明月满长空。太平休用歌尧令，枯木重开花一丛。"

附录一

网络日志：东明寺公案

一、引子

我喜欢爬山，尤其喜欢爬有人文历史的山。杭州在古有"东南佛国"之称，因寺院而名的山自然不在少数。如灵隐寺所在的天竺、飞来峰之类，大抵是家喻户晓的。至于余杭安溪的东明山，虽说不甚有名，但在杭州的户外运动界，却是无人不知的。一是因为那里虽然被辟为东明山森林公园，但随处找个竹径便可进入园区。事实上，院内游客寥寥，设施陈旧，工作人员也无心多管"闲事"；二是因为那山上有座东明寺，相传曾是明朝建文帝被朱棣篡夺皇位后，出家隐居之地。既被称为森林公园，且有建文帝的故事，哪有不去一访之理。7月11日，周六，雷打不动的爬山日子，出发去东明山。同好恒威兄也已爬山瘾发作，不顾39度的高温，欣然同往。

人受制于各种规矩，所以偶有机会游离于规制之外，总有那么一点小小的说不清道不明的愉悦，正如吴越方言管食物鲜美叫"偷鲜"——偷来的鲜。喜欢自在生活的"驴友"，在自然景区穿越，逃票大约已是规则之外的"潜规则"。不过，文人逃票，总顾及一些面子，一般不会去钻铁丝网、翻墙头之类，而是从山的背面绕远路翻越山脊进入景区，一番逛游后，再大摇大摆地从景区正门穿出，瞪着眼睛看两眼检票员，心里有一种无比的满足，就仿佛吃完一道地方美食后，咂咂嘴巴，由衷地赞一句："偷鲜。"此次东明山之行，采用的就是这个方法。我们先来到东明山西面的另一个山坞——康（坑）门水库，准备从康门水库边的毛竹林中翻山进入森林公园。这一翻不打紧，途中的三大奇遇和发现却着实让我对东明寺以及建文帝出家东明寺的故事产生了浓厚的兴趣。

首先，我们刚绕过水库步入竹林的机耕路，突然遇到了一条一米长的花蛇。这条蛇比起以往爬山所遇之蛇，很是不同。先是悄悄地在我的右前方半步处与我同行，在离我三米处突然横切机耕路飞一般地窜入路左边的草丛中，不见了踪影。恒威兄说："这是我们爬山所见过的最生龙活现的蛇了。"而我却在暗思：建文帝属蛇，按有些传说他终老于东明山，难道是"地宫"的"地龙"出来迎接我们了？结果，经过近二十分钟的探路后发现，此路难达山脊，只好原路返回，在遇蛇处附近右折走了另一条机耕道。不过五分钟，路左毛竹林中出现了一条山路，而机耕路前方好像开始茅草丛生。正在犹豫该取哪条道时，眼尖的恒威兄又惊叫起来，与刚才一样的一条长蛇从路的左侧横切"飞"到了路右的草丛中。我们一是怕在草丛中再遇蛇危险，二是上山才是"硬道理"，所以就毫不犹豫地进入了竹林中的上山小道。后来证明，此道直通东明山，没错。连续出现的两条"地龙"似乎为我们指明了前进的方向。甚是神奇。

其次，上到山脊后右转没多久，只见山脊线中央立着一根界桩，上书"南林山界"四字。这让我好生疑惑。东明山明明在余杭区的最北部，山的北方就是湖州德清县的地界了，为何这个林场会被取名"南山林场"呢？而余杭区瓶窑镇也有个南山，在瓶窑的南面偏西的位置，以摩崖石刻闻名，有"第二飞来峰"之称；余杭区的崇贤镇也有个"南山"，也叫"南山林场"，在余杭南面与杭州皋亭山的交界处，那里的林中有一个"南山公墓"。联想到杭州的玉皇山南面有个"南山陵园"，其古代的山名叫做"龙山"。难道东明山被当地人唤作"南山"，是否有某一种喻指？值得探究。

再次，翻后山逃票有一大好处，那就是在进入景区之前，站在制高点察看整个景区的地势。当我们来到近山颠的东明寺，站在大雄宝殿遗址上俯瞰前方，我惊奇地发现，这里不仅是建寺刹的好地方，而且更是墓葬的风水宝地。东明寺大致坐北朝南（后来罗盘实测是面东南），背有略高东明寺50米的大遮山，两边有左高右低的东西两峰，前方缓势渐低800米后，有一小山坡横亘，状如灵隐寺前的飞来峰以及虎跑寺前的大慈山，成了寺刹前天然的照壁山。而小山坡的南面有安溪横向流过。此种地势，依堪舆所论，当是所谓的左青龙右白虎的墓穴宝地啊！恒威兄现有一国家社科基金项目与佛教禅修有关，便抓住时机问看家的沙弥僧，你们属于哪个宗派？开山祖师是谁？念的有哪些经文？结果是一问三不知。下得山来，出了森林公园大门，眼前一个村庄，名曰照山村。奇哉，怪哉！刚才看到的这座小山居然让我说中了，真的被赋予了"照壁山"的功能。

兴趣所至，便有了之后一个星期的资料检索，学术考证。然后，第二个星期六，7月18日，再访东明寺，揭开了建文帝逊迹东明山传说之谜。

二、建文帝出逃轶

建文帝，姓朱名允炆，朱元璋的孙子，因父兄死得早，于公元1398年直接继爷爷的帝位成为明朝第二代皇帝。然而，由于他企图加强中央集权，削弱叔父们的藩王权力，从而招致四叔燕王朱棣反叛，借口"清君侧"，举兵攻陷南京。1402年，朱棣继皇位，后世称之为明成祖。那么，朱棣攻陷南京后，建文帝去了哪里呢？《明史》记载，"都城陷。宫中火起，帝不知所终。燕王遣中使出帝后尸于火中，越八日壬申葬之。或云帝由地道出亡。……自后滇、黔、巴、蜀间，相传有帝为僧时往来迹"①。也就是说，京城沦陷后，建文帝逊位，有两种可能的结局：一是自焚于宫中大火；一是从宫中地道逃走，然后隐居于各地寺庙中做了和尚保命。孰真孰假？成了明史一大迷案。

如依了明朝官方档案，建文帝在朱棣入宫前已然自焚于宫中。《明太宗实录》记载，建文四年（1402）六月，当朱棣的部队打到南京金川门时，建文君（朱棣不认为建文是"帝"）一方面欲出门迎接朱棣，另一方面却也觉得已无面目相见于四叔，遂"阖宫自焚"。太监相救不及，令朱棣颇为伤心，叹息说：我原本是为了来帮你，你却浑然不觉，走上了绝路。八天后，太宗皇帝以天子的规格礼葬了建文君。关于此，当时与明朝关系最为密切的朝鲜在其《朝鲜王朝实录》中，也有基本相同的记载。在朝鲜太宗二年即1402年农历九月二十八日的记录中说："六月十三日，燕王战胜。建文皇帝命焚奉天殿，而自缢于殿中，后妃宫女四十人自死。"②同年十月十二日，朱棣遣使昭告朝鲜。诏曰：

> 昔我父皇太祖高皇帝，临御天下垂四十年，薄海内外，皆为臣妾。高皇帝弃群臣，建文嗣位，权归奸慝，变乱宪章，

①张廷玉：《明史》，中华书局，1974年，第66页。
②韩国国史编纂委员会：《朝鲜王朝实录》（一），探求堂，1986年，第247页。

戕（戕）害骨肉，祸几及朕。于是，钦承祖训，不得已而起兵，以清慝恶。赖天地祖宗之灵、将士之力，战胜攻克。然初不欲长驱，始观兵于济南，再逗遛于河北，近驻淮、泗，循至京畿，冀其去彼奸回，悔罪改过。不期建文为奸权逼胁，阖宫自焚。诸王大臣百官万姓，以朕为高皇帝正嫡，合辞劝进，缵承大统。朕以宗庙社稷之重，已于洪武三十五年六月十七日，即皇帝位，大赦天下，改明年为永乐元年，嘉与万方，同臻至治。念尔朝鲜，高皇帝时，常效职贡，故遣使诏谕，想宜知悉。[①]

次年四月二日，朝鲜赴明朝贺登极使书状官回国向朝鲜国王汇报说：明成祖告诉朝鲜使臣，因建文欲残害包括成祖在内的骨肉，所以成祖不得已举兵。"建文耻于相见，阖宫自焚。"[②]

在朝鲜宣祖十四年（1581）一月六日的记录中还曾提到："革除如建文，成祖葬以天子礼。"[③]

明朝以及朝鲜的官方档案都记载了明成祖以天子的规格厚葬了建文，然而，非常蹊跷的是，没有文献表明建文的陵墓究竟在何处，至今也没有考古发现建文的陵寝。所以，人

---

① 《朝鲜王朝实录》（一），第 248 页。
② 同上，第 260 页。
③ 《朝鲜王朝实录》（二十一），第 370 页。

们不得不相信建文帝当时实际上并没自焚，而是出逃了。《明史》在《程济传》《姚广孝传》《胡濙传》和《郑和传》等相关章节都清楚地表明，明成祖实际上是认定建文已经出逃，所以，派了胡濙等几批人马行遍天下州郡乡邑，找寻建文帝踪迹，长达 20 余年。永乐二十一年（1423），胡濙终于打听到建文帝已经逃出大陆，"建文帝蹈海去，帝分遣内臣郑和数辈浮海下西洋，至是疑始释"①。

永乐元年（1403）二月初八日，明成祖还曾下旨给朝鲜使臣，曰："建文手里，多有逃散之人，也多有逃去别处的，有些走在尔那里。尔对他每说知道。回去对国王说，一介介都送将来。"② 明成祖名义上是要朝鲜追捕建文的追随者，实际上也是想打探建文帝是否可能逃往朝鲜。

由此看来，建文帝出逃比自焚的可能性更大。朱棣之所以要诏告天下建文帝已死，并葬以天子礼，无非为自己登皇位找一个名正言顺的理由罢了。近世的考古学家们没能找到建文帝的陵寝也当在情理之中。不过，近年来南京的一些考古发现，却佐证了建文帝出逃的可行性。据中央电视台《见证·发现之旅》栏目介绍，1978 年，位于南京太平门旧址的南京钢锉厂在建新楼挖地下室时，发现了明代的一个地道，高 2.5 米，宽 2 米，足以人马进出。虽然不能肯定该地道是

---

① 《明史》，第 4062、4079、4534、7766 页。
② 《朝鲜王朝实录》（一），第 262 页。

否直通皇宫，但太平门是离皇宫最近的城门；2005 年 6 月，在清凉山旁又发现了明代一个涵洞，不下雨时，涵洞可以容纳一人通过，而清凉山近于明皇城的后宫。另据徐作生《中外重大历史之谜图考》介绍，1998 年 6 月，施工人员对位于南京中山门外前湖边上的一段城墙进行清理时，意外发现了一道被大城墙包裹着的小城墙，并且在小城墙外大城墙内，发现了一个约 1.7 米宽、2.5 米高的隧道。小城墙下还有一个比隧道口略大一些的涵洞穿墙而过，建文帝也许会从这个涵洞逃走。①

如此说来，建文帝极有可能从地道逃走了。如何逃走？走向何处？且看正史、野史又如何记述。

三、建文帝出家为僧

《明史·恭闵帝》有这么一段：

或云帝由地道出亡。正统五年，有僧自云南至广西，诡称建文皇帝。思恩知府岑瑛闻于朝。按问，乃钧州人杨行祥，年已九十余，下狱，阅四月死。同谋僧十二人，皆戍辽东。

---

① 徐作生：《中外重大历史之谜图考》（一），中国社会科学出版社，2006 年，第 55 页。

自后滇、黔、巴、蜀间，相传有帝为僧时往来迹。[①]

《明史》写这一段，想必依据的是《明实录·英宗实录》，内有相同的记录。作为朝廷实录，有时间，有地点，有主人公姓名，且言之凿凿，发生过杨行祥冒充建文帝的闹剧应该不会是杜撰。然而，有趣的是，明代中期，浙江海盐人郑晓（1499—1566）在其《今言》以及《吾学编》中，两处出现了建文帝出云南，通过官府，赴京师入居大内的记述。《今言》第166条，记述如下：

> 正统初，建文君出滇南至广西。一日呼寺僧，谓曰："我建文皇帝也。"寺僧大惧，白官府，迎至藩堂，南面趺足坐地，自称朱允炆，曰："胡濙名访张儦偑，为我也。"众闻之悚然，闻于朝。乘传之京师，有司皆以王礼见。比至，入居大内，以寿终，葬西山，不封不树。[②]

收在《吾学编》1567年初刻本《皇明逊国记》中，郑晓记述了内容基本与上段相同的文字，只不过，前面多了这么几句话："或曰帝发火宫中，即削发为僧，入蜀。或曰去蜀未几，入滇南，常往来广西、贵州诸寺中。天顺中，出自滇南，

---

① 《明史》，第66页。
② 郑晓：《今言》，中华书局，1984年，第94—95页。

呼寺僧，曰：'我建文皇帝也。'"①郑晓生活的年代距建文逊国大约一百年，是目前我所找到的史料中最早记述建文帝出家做和尚的。郑晓自己在《吾学编》序言中说："《实录》果可传信乎？前贤论喻详矣。野史散杂无统，又未足尽冯也。"②其言下之意，自己所编《吾学编》较为可信。然而，郑晓对于建文帝为僧的一个至关重要的记述，却是自己打了自己的嘴巴。在《今言》中，说的是"正统初"，但在《吾学编》中，却又说是"天顺中"。两者至少相隔了20年。那么，郑晓的这种矛盾的记述可信吗？他所说的是否实际上就是《明史》中的"杨行祥冒充建文帝的闹剧"呢？

在《明史》成书之前，有清代史学家谷应泰（1620—1690）撰写了《明史纪事本末》（1658年刊行），内有建文帝听从翰林院编修程济的建言，剃发披袈裟，通过神乐观道士逃离南京的详细过程。有许多史学家认为，因为《明史纪事本末》比《明史》成书早，所以更为可信。这些史学家的逻辑推理，在我看来，不太站得住脚。要说早，郑晓的《皇明逊国记》岂不更早？而且，在郑晓的《吾学编·逊国臣记》中，就有"翰林编修程济"的条目。内曰：

---

① 潘柽章：《国史考异》（1—2册），中华书局，1985年，第113页。

② 北京图书馆古籍出版编辑组编：《北京图书馆古籍珍本丛刊12》，书目文献出版社，1990年，第3页。

建文君急召济入，问计。济曰：天数已定，惟可出走免难耳。立召僧为建文君落发。济从之出。每遇险几不能脱，济以术脱去。相从数十年后，随建文君至南京，人尚识济。至京，莫知所终。[①]

可以说，谷应泰《明史纪事本末》中的记述是对郑晓《吾学编·逊国臣记》的具体化描述而已。有意思的是，《明史》对程济的生平介绍基本与郑晓的"翰林编修程济"第一段内容相同。然而，如前所述，郑晓的记述本身其可信度就值得怀疑。所以，究竟建文帝是否出逃后出家做了和尚，在找到确凿的物证之前，终究只是一种美好的推测罢了，谁也下不了最终的结论。在古代，人走上了绝路，除了死以外，还有一种解脱的方法，那就是削发为僧尼。远离红尘，相当于已经转世轮回。也正是这个原因，几乎所有关于建文帝的文献史料都或曰建文帝自焚而死，或曰建文帝出逃做了和尚，其实质就是说建文帝"灭亡"了。而人们一般总是同情弱者，加上建文帝"天资仁厚，亲贤好学"，大多数人宁愿相信后一种推测。

明朝万历皇帝有着与建文帝相类似的性格秉性，文才出众，但优柔寡断。所以，他登基后，一方面平反了因效忠建

---

① 郑晓：《吾学编·逊国臣记》卷之五，浙江大学百万册数字图书（CADAL），第3页。

文帝而被冤杀的方孝儒等一干人；另一方面，还关心起了建文帝的生死问题。《明实录·神宗实录》有载，万历二年（1574）十月十七日，皇帝在文华殿讲读时从容地向宰相张居正问起了"建文当时果然逃逸否"。张居正答曰："国史不载此事，但先朝故老相传，言建文当靖难师入城，即削发披缁，从间道走出，后云游四方，无知者。至正统间，忽于云南邮壁上题诗一首，有'流落江湖数十秋'之句。有一御史觉其有异，召而问之，老僧坐地不跪，曰：'吾欲归骨故国。'乃验知为建文也。御史以闻，遂驿召来京，入宫验之，良是，是年已七八十矣，后莫知其所终。"[①]可见，民间关于建文帝的美好传言也到了宫中，而朝廷上层也采信了此种传言。这在邻国的《朝鲜王朝实录》中也有同样的反映。早在永乐二年（1404）九月，朝鲜太宗王与近臣议事时就问到："大抵人心，怀于有仁。建文宽仁而亡，永乐多行刑杀而兴，何也？"[②]清顺治十二年（1655）五月十四日，朝鲜孝宗语及大明建文之事，曰："建文之流落四十年，终得不死者，古今之所未有也。万乘天子，及其失位，求为匹夫，不可得也。岂有如是而能得保全者乎？此盖建文身无失德，故天之保护如此耶！"[③]

建文帝出家流落寺庙数十年的传闻不仅上达朝廷，而且

① 台湾"中研院"历史语言研究所校勘：《明神宗实录》，"中研院"历史语言研究所，1962年，第728—729页。
② 《朝鲜王朝实录》（一），第305页。
③ 《朝鲜王朝实录》（三十六），第14页。

还远传域外，难怪清人谷应泰《明史纪事本末》对建文帝的逊国为僧有了完整的描写。也许是万历皇帝对于建文帝的同情，激发了地方文人对建文帝的恻隐之心，他们便大胆地将本地的传说写入了地方志中，于是，万历年间编撰的许多地方志纷纷出现了某某寺刹为建文帝逊迹之地的记述。余杭安溪东明寺就是其中之一。

四、东明寺建文帝逊迹说

建文帝剃发出逃后，去了哪里？据谷应泰《明史纪事本末》载，建文帝带着杨应能、叶希贤和程济两僧一道士云游遁隐于天下寺观，曰：

> 其经由之地，则自神乐观启行，由松陵而入滇南，西游重庆，东到天台，转入祥符，侨居西粤，中间结庵于白龙，题诗于罗永，两入荆楚之乡，三幸史彬之第，踪迹去来，何历历也。[①]

《徐霞客游记》等各种史料显示，建文帝的足迹主要是在江苏、福建、贵州、云南、青海等地，近年来，各地方志学者以及地方文史馆研究人员相继对当地建文帝的史迹都作

---

① （清）谷应泰：《明史纪事本末》（3），中华书局，1985年，第47页。

了考证，然而，都没能提供足够让人信服的物证和文献依据。谷应泰文中提到"东到天台"，天台山在浙江省，如此，建文帝也许曾途经杭州的寺观。而杭州的地方志确也有所记载，即钱塘县的"东明寺"。

万历三十七年（1609），聂心汤编修刊印《钱塘县志》，其第十卷第57页有"东明寺"条，曰："在安溪大遮山前。建文君为僧至此，有遗像。"仅此一句而已。至清代，陆次云（生卒年不详，大约在世于康熙初年前后，钱塘人）撰《湖壖杂记》，有了比较详细的介绍，全文如下：

安溪有东明寺，建文皇帝遁迹处也。其至此地时，旭日始旦，故于寺额题曰东明。寺去邑四十里，可以潜伏，以龙混蠖，莫或识之。自归国后，方知为帝，故今范其遗像，僧服而衮龙，香灯昕夕，供以伊蒲，犹弗替也。寺有牡丹一本，乃帝手植。花皆千萼，色白如银，分其种他处，即不荣矣，越三百年如故。是老佛之灵尚在，而成祖之遗踪已作冷风荡尽。怀古者至此，能无兴感也哉！[①]

文末之句，对于建文的同情和对于明成祖的鄙视，可见一斑。

民国时期编写的《杭县志稿》在"东明寺"条目中也引

---

① 王国平主编：《西湖文献集成》第8册，杭州出版社，2004年，第47页。

用以上两段史料作了简介。随着余杭县（区）政府近年来对东明山景区的开发，东明山森林公园内相关建文帝的传说被编写得越来越圆满。其中俞建中主编的《苕溪轶事》"东明山与建文帝"最为详尽，故事读来煞有其事。其梗概如下：

东明山内有许多胜迹遗址。其中与建文帝相关的，有东明寺古刹，是建文帝避难之处；大遮山群仙观，是翰林院编修程济出家之所；东明寺下不远处有孟将殿，是受明成祖之命追杀建文帝的孟姓将军于心不忍而自刎之处；另有"望君边""皇窠里"等遗址。

建文帝携杨应能、叶希贤和程济三人穿地道南逃后，来到钱塘县安溪之北的古道山，其时正当旭日东升。众人环顾此山，坐北朝南，气势雄伟，山间有古刹一座，名曰"古道寺"，恰像一把金龙靠椅稳踞群峰之间。建文帝感叹说："此乃上天赐我一天然行宫也！"于是，进寺拜方丈为师，决定在此隐居为僧，埋名韬晦。后人为纪念此事，遂将古道山、古道寺分别改名东明山和东明寺。

建文帝虽已为僧，但仍不忘复辟，在寺内种了一株丹桂，又倒插了一株牡丹，意为"本末倒置"，祈愿有朝一日回朝，"让丹桂飘香，牡丹盛开"。果然，丹桂满树飘香，牡丹亦成活开花。建文帝还在大殿内挖掘地道，通往山后密林，以备紧急避险之用，是故，山后至今仍名为"皇窠里"。程济则住在东明山后大遮山的群仙观，在那里当道士，昼夜为建文帝守卫着东明寺的后路。东明寺后有山道通大遮山，道上三百米处半山腰有一巨石，平坦如台，台下万丈深渊，状如严子陵钓台，俗称钓鱼台。程济不时下山与建文帝在此对弈，密商要事，故此钓鱼台又名"望君边"。

东明寺下不远处有孟将殿。据传，明成祖曾派一孟姓将军追杀建文帝。孟将军追踪到古道山，获知建文帝已在此削发为僧，但想自己昔日身受皇恩，况建文帝又是正统嗣君，如若杀了建文皇帝，自己则成千古罪人，如若不杀，则自己免不了被明成祖所杀，两难之下，只好自刎了结。于是，后人在东明山麓建了孟将殿以示纪念。也正因此，使建文帝与程济感到此处非久留之地，便启程去了福建、云南等地隐迹。建文帝逃离后，寺僧始知其真实身份，便在寺内为他画了一幅头戴皇冠身披袈裟的画像，朝夕膜拜。

民国时期，大雄宝殿内右侧偿有建文帝塑像，殿柱上有对联曰："僧为帝，帝亦为僧，一再传，衣钵相授，留偈而化；叔负侄，侄不负叔，三百载，江山依旧，到老皆空。"

可惜，1941年8月1日，日寇为找寻新四军，焚烧了寺院建筑，而今仅存偏屋三间。建文帝手植之桂花，经日寇焚烧，仅剩树皮连根，然而，依然枝高叶茂，花香四溢，且金银双色各半，堪为奇谈佳话。[1]

---

[1] 俞建中主编：《茗溪轶事》，群言出版社，2006年，第49—54页。

五、建文逊迹东明寺——无稽之谈

刘禹锡《陋室铭》曰："山不在高，有仙则名；水不在深，有龙则灵。"东明山不高，海拔仅四百余米，但因有程济等"群仙"驻观而名；安溪不深，东苕溪水流到此变得平缓顺畅，但有真龙天子曾在此地隐迹而富有灵气。东明山森林公园因此有了卖点。至于建文帝是否真的曾遁迹于此，于一般百姓，大概是不会过于计较的，更何况抗战时期，东明寺主要建筑已经毁于兵燹，人们也只能以口耳相传的故事为凭了。于是，难免以讹传讹，越传越玄乎，有些当地人甚至把康熙年间的东明寺住持孤云禅师之灵塔附会成了建文帝的灵塔。东明寺大殿虽已被烧，所幸镌刻于康熙十五年（1676）的"东明孤云禅师塔铭"碑完好无损，遗存于东明寺院庭。据赵晔《湮灭的古国故都 良渚遗址概论》一书的注解，这块碑原本镶嵌在僧寮的西墙上。[①] 我想，它应该是我们研究东明寺历史最具可信度的证物。

从碑文落款可知，该塔铭由孤云禅师的同乡、进士出身的张惟杰撰于1662年，由孤云禅师的继任住持超觉禅师书写，并携同门弟子立碑于1676年仲夏。据碑文，孤云禅师生年不详，名行，字孤云，俗姓宋，浙西嘉禾（嘉兴）人，

---

① 赵晔：《湮灭的古国故都 良渚遗址概论》，浙江摄影出版社，2007年，第16页。

卒于 1661 年农历五月八日（此与陈垣所考"清顺治十八年卒"一致）。孤云禅师乃余杭径山寺费隐容禅师的弟子，属禅宗南岳下第三十五世传人。1640 年，他受邀至东明禅寺。碑文中说：

> 东明禅寺系昙祖师鼎兴古刹，历经三百年，几经毁劫，所仅存者数楹而已。师至，铁耕芋食，备极劳勚者三载于兹，乃使灌莽既辟，形胜顿还。释纲重维，灵山生色，师之力也。

也就是说，孤云禅师是让拥有悠久历史的东明禅寺由破落而复兴的中兴者，而最初让禅寺兴盛的祖师则另有其人，那就是"昙"，即明代的慧昙禅师（1372—1441）。有关东明山兴盛及慧昙禅师事迹，前章已述。至于传说中的东明寺大殿对联"僧为帝，帝亦为僧……"以及倒插牡丹的故事，与云南武定县狮山正续禅寺的楹联及建文手植牡丹的故事是何其相似。那里有对联曰：

> 僧为帝，帝亦为僧，数十载衣钵相传，正觉依然皇觉旧；
> 叔负侄，侄不负叔，八千里芒鞋徒步，狮山更比燕山高。①

---

① 徐作生：《中外重大历史之谜图考 第 1 集》，中国社会科学出版社，2006 年，第 127 页。杨旭恒，罗宁，佟海敬主编：《云南新旅游风物志》，云南美术出版社，2009 年，第 32—33 页。

两地的故事之间是否有移花接木之嫌呢？究竟谁移了谁的花，很难说，但有一点是事实，狮子山现在有成千上万株牡丹和芍药，且品种逾百，而东明山上却没有。

我推测，之所以会生出建文帝遁迹于东明山的故事，与临安的大明山以及余杭的东明山两山的相对位置及其山名有关。相传朱元璋曾在大明山为僧，古代一般以东宫指代皇储，东明山可以解作"东边的明山"[①]。朱允炆继祖父皇位，并与其祖父经历恰恰相反，先为帝，后为僧，将建文帝为僧的故事舞台置于相去大明山不远的东明山，岂不妙哉？加之东明山风水极佳，山中又有通往德清的后山小道和群仙道观，这些都为故事的编写提供了极好的素材。

六、稽考随想

7月11日自东明山归来后，本人开始了整整一个星期的文献稽考，得出了上述结论。其间，发现当今有许多关于东明寺的介绍，有一大舛误，那就是所谓的"寺建于元末明初，由系昱祖师开山，迄今约600年"。历史文献记载，东明山的祖师明明是"慧旵禅师"，怎么变成了"系昱祖师"呢？

---

① 明人王泌就曾以懿文太子大本堂读书及建文太孙逊国为题材撰有五段野史趣闻，取书名曰《东朝记》，后来还多被翻刻误植成《东明记》，如民国时期王云五主编的《万有文库》之吴曾祺《旧小说》等书内中出现的《东明记》。

我推测，大概是始作俑者误读了《东明孤云禅师塔铭》，将判断词"系"（是）和"昰"连起来误作人名，并将"昰"字错写成了"昱"。为证实自己的推测，顺便将一些较为可信的有关"慧昰禅师"的文献带给寺院有关人员。7月18日，我又与恒威、王球以及恩荣三位同好再次造访东明寺，辨读了现置于寺院残垣下的《东明孤云禅师塔铭》碑。[①] 果然，原文是："东明禅寺系昰祖师鼎兴古刹……"，我的推测正确。到此，对于东明寺以及建文帝隐迹东明山的稽考告一段落，并留下以上这些略显啰唆的文字。

古人写史，一般在结尾处会来一段"论曰"，以阐发自己的感想和评论。我在寻访和阅读东明山以及建文帝相关史料时，也有许多感想，记于此，以为论。

第一，恶人谋世，好人薄命。人常问我，在荒山野林行走，难道不怕毒蛇猛兽？我说，其实，毒蛇虽毒，但并不可怕，因为它不会主动攻击人类。然而，就像蛇分有毒无毒，人也有善恶之分，而恶人之凶残，比之蛇毒有过之而无不及。朱元璋，虽然曾为僧侣，然而，为了夺得江山，杀人如麻；其儿子朱棣，为了夺得皇位，无视骨肉之情，残害亲侄，且追杀建文帝的效忠者，并开创诛灭十族，不仅对方孝儒这样的贤良处以磔刑，满门抄斩，而且将其门生列为第十族一起杀光。有学者统计，靖难之役后，有案可查的，朱棣共屠杀了

———————

① 该石碑现已被移至 2015 年 10 月修复完工的东明塔院内。

一万四千多人。可怕的是，其手段令人发指，抽筋剥皮，铁烙油炸，并将"罪人"的妻女发付至教坊充妓，还规定她们必须不断在军队里"转营"，以尽可能多地让人糟蹋。他为"权妃案"居然可以不问青红皂白，残杀无辜宫女嫔妃三千人；更有甚者，其死，还让三十余名嫔妃殉葬。可悲的是，中国历史上，像明成祖这样的帝王并不是少数，而往往像这样的恶人，反倒能够主宰世界。难怪当时的朝鲜太宗王要发问："建文宽仁而亡，永乐多行刑杀而兴，何也？"我自小常听老人言：恶人谋世，好人短命。这大概正是阅世之人对于世道的悲叹，也正如司马迁在其《史记·伯夷列传》中道出的迷惑：积仁洁行者，往往早夭，而暴戾横行者，却能逸乐寿终，"余甚惑焉，倘所谓天道，是邪非邪？"[1]

第二，宇宙无限，生命无常。写此小文期间，恰逢杭州能看到五百年一遇的日全食，在看完壮丽无比的日食奇观后，有同伴说"我真的还想再活五百年"；也有同伴说："在贝利珠由穷极璀璨到复归平静的几秒钟里，我分明地感受到了死亡的味道。"我想，他们如此说，无非是感叹人类之于自然的渺小和无奈。可欣的是，在这一点上，无论是帝王，还是百姓，倒是平等的，生命之途潮涨潮落不由己。朱允炆因为父亲和兄长死得早，被爷爷钦定继了皇位，但也因此招来杀身之祸，虽贵为天子，却不免流离失所，亡命天涯。可叹

---

[1] （汉）司马迁：《史记》，岳麓书社，1988年，第491页。

造化弄人啊！据郑晓的《建文逊国记》载，建文帝在亡命西南时曾赋诗曰：

> 牢落西南四十秋，萧萧华发已盈头。
> 乾坤有恨家何在，江汉无情水自流。

第三，前贤有福，今人可怜。在查阅相关史料时，我无意间找到了著名史学家陈垣所著《释氏疑年录》，该著作对两千八百多位僧人的生卒年一一进行了考订。读罢，一是叹服陈垣先生的功夫之深，其通过几种文献推定孤云禅师的卒年竟然与《东明孤云禅师塔铭》上所记载的年份一年不差；二是深羡前辈学人的治学环境，他们居然可以将注意力专注于比丘们的生卒年考证上。若在如今，这样的文章到哪个所谓SSCI之类的权威刊物上去发表？研究此种无用的问题，岂不面临下岗丢饭碗的风险？管它东明寺开山祖师是"慧昺"还是"系昱"，只要东拼西凑，早日出版所谓的专著，那就叫本事。可怜矣，吾辈学人！

第四，有聚有散，归于因缘。据说，国家早在1992年就批准建立东明山森林公园。然而，观如今之公园，除了草木茂盛，竹林青翠外，院内设施一片凋零。原本，我以为与公园的设计和经营策略有关。正如公园的大门，状如汉字"山"字，但全部由水泥和瓷砖砌成，不中不西，不自然不人文，实在是不伦不类。看院内建筑，大门入处，所谓的户外拓展项目与"孟将殿"并存，行将移建于园内的沈括墓与游泳戏水池并列，而亟待修缮的东明寺和群仙道观却残垣断壁依旧。更有甚者，当地百姓竟然不顾风水，将"照壁山"炸去一角，用以取石。如此开发建设，还不如像原来那样任其荒凉，成为蛇虫鸟兽的天堂。

前几日，我接到了东明寺住持证道法师的复函，题曰"感恩思语"，读后似乎有些觉悟，便冒昧摘录一段作为本文的结束语，与读者共享：

佛法流传震旦，如慧日中天，大教偏于河沙，譬慈云覆海。本一心为娑婆众生和谐、平安、共荣、繁昌而弘扬，但因缘有聚有散，从东明寺遗留下的古迹，仰为历史鉴证。

身为佛子，当行佛事，作为我们这辈也将会借鉴历史，远瞻未来的思量，去做好东明寺的各项事务。感恩您对我们的支持与帮助，有空常来，下次来时我请您喝茶。

恒吉祥！

（写于 2009 年 7 月 19 日—29 日之耕川斋。本文作为网络日志，曾发布于笔者个人网站）

附录二

东明堂上传临济正宗谱系

开法祖师、传临济正宗第二十三世

东明慧旵（1372—1441）

第二十四世

海舟普慈（1354—1450）、海舟永慈（1394—1461或1466）、白庵觉明（生卒年不详）

第二十五世

宝峰智瑄（？—1472，又名明瑄）

第三十一世

山茨通际（1608—1652）

第三十二世

孤云行鉴（1608—1661）

第三十三世

乳峰超卓（生卒年不详）、不退超本（生卒年不详）、愚山超藏（生卒年不详）、示方超觉（生卒年不详）

第三十四世

中洲海岳（生卒年不详）

第三十五世

丽雅印诰（生卒年不详）

第三十六世

远人传一（1701—1779）

第三十七世

广昊湛（生卒年不详）

第三十八世

佚名

第三十九世

如明（？—1876）

主要参考文献

一、基本文献材料

高本钊：《明版嘉兴大藏经》，新文丰出版公司，1987年。

《中华大藏经》编辑局编：《中华大藏经 汉文部分》，中华书局，1993年。

佛光大藏经编修委员会：《佛光大藏经》，台湾佛光出版社，1994年。

高楠顺次郎、渡边海旭：《大正新修大藏经》，新文丰出版公司，1983年。

蓝吉富：《禅宗全书》，台湾文殊出版社，1988年。

瞿汝稷：《指月录》，巴蜀书社，2005年。

聂先：《续指月录》，巴蜀书社，2005年。

释自融撰，释性磊补辑：《南宋元明禅林僧宝传》，台湾佛光出版社，1994年。

释超永：《五灯全书》，《续藏经》第140册，新文丰出版公司，1995年。

释道忞：《布水台集》，台北明文书局，1981年。

释大香：《云外录》，台北明文书局，1981年。

释篆玉：《大昭庆律寺志十卷》，上海书店出版社，1994年。

释大壑：《南屏净慈寺志》，杭州出版社，2006年

吴之鲸：《武林梵志》，杭州出版社，2006年。

杭世骏：《理安寺志》，杭州出版社，2007年。

天童寺志编辑委员会编：《新修天童寺》，宗教文化出版社，1997年。

吴定中点校：《金粟寺史料五种》，上海古籍出版社，2008年。

平久保章：《新纂校订隐元全集》，东京开明书院，1979年。

释六舟：《六舟集》，浙江古籍出版社，2015年。

张炳林主编《东明山文化丛书·东明寺志》，上海古籍出版社，2012年。

张炳林主编《东明山文化丛书·孤云禅师语录》，上海古籍出版社，2012年。

张炳林主编《东明山文化丛书·山茨禅师语录》，上海古籍出版社，2013年。

张炳林主编《东明山文化丛书·中洲海岳文集》，上海古籍出版社，2016年。

张炳林主编：《古道山房诗钞》，上海古籍出版社，2015年。

二、相关专著论文

杭州市文物考古研究所：《东明寺遗址考古发掘报告》，上海古籍出版社，2018年。

沈梅洁：《东明札记》，云南人民出版社，2010年。

虞铭：《塘栖艺文志》，浙江摄影出版社，2006年。

赵晔：《湮灭的古国故都 良渚遗址概论》，浙江摄影出版社，2007年。

嘉兴市文化广电新闻出版局：《嘉兴历代碑刻集》，群言出版社，2007年。

蔡日新：《临济下虎丘禅系概述》，甘肃民族出版社，2008年。

南怀瑾：《中国佛教发展史略述》，东方出版社，2015年。

南怀瑾：《禅海蠡测》，复旦大学出版社，2016年。

印顺：《中国禅宗史》，上海书店，1992年。

圣严法师：《明末佛教研究》，宗教文化出版社，2006年。

孙荣芬、张蕴芬、宣立品：《大觉禅寺》，北京出版社，2006年。

云桂荣：《云居寺贞石录》，燕山出版社，2008年。

徐自强：《中国历代禅师传记资料汇编》，全国图书馆文献缩微复刊中心，1994年。

陈智超、韦祖辉、何龄修：《日本黄檗山万福寺藏旅日高僧隐元中土来往书信录》，中华全国图书馆文献缩微复制中心，1995年。

中嶋隆藏：《南岳山茨通际禅师小考》，惟正、杨曾文主编《禅宗与中国佛教文化 2003年度南岳佛教论坛》，中国社会科学出版社，2004年。

小野和子：《关于独往性幽〈本师隐公大和尚传赞〉》，陈支平主编《第九届明史国际学术讨论会暨傅衣凌教授诞辰九十周年纪念论文集》，厦门大学出版社，2003年。